早期教育・特別支援教育

本能式計算法

～計算が「楽しく」「速く」できるワーク～

大江浩光 著　　押谷由夫 解説

本能式計算法とは

　就学前の子どもや、算数の苦手な子どもたちに、数の基本を教え理解させることで、「楽しく」「速く」計算ができるようになるのが、**本能式計算法**です。
　本能という言葉の通り、人間の本能に直結した学習方法ですので、あっという間に数を数字という概念で理解できるようになります。
　ですから、現在、指を折って数をかぞえたりしている子どもも、「暗算」で「楽しく」「速く」計算ができるようになるのです。
　このシステムの特徴は以下の通りです。

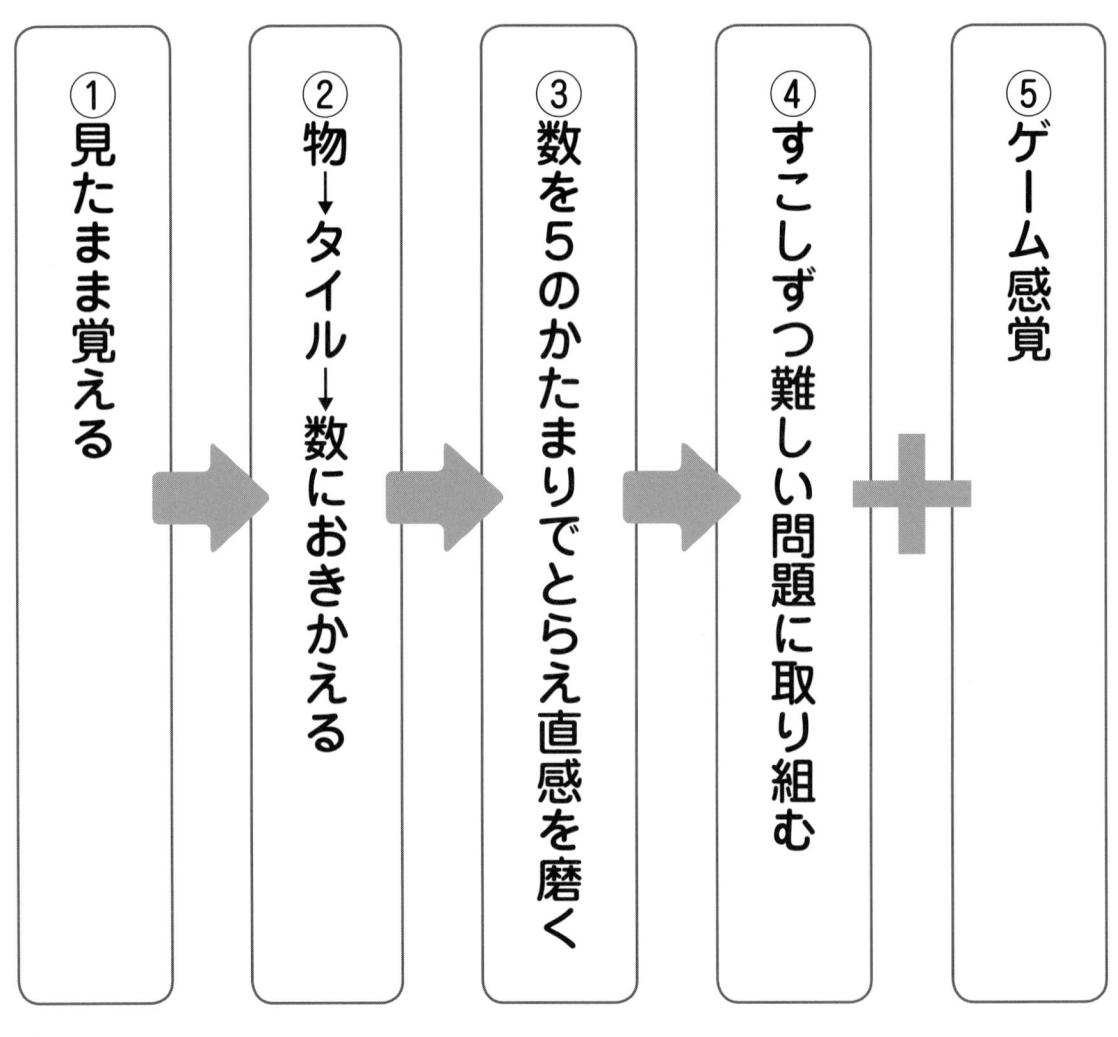

① 見たまま覚える
② 物→タイル→数におきかえる
③ 数を5のかたまりでとらえ直感を磨く
④ すこしずつ難しい問題に取り組む
⑤ ゲーム感覚

①見たまま覚える（残像記憶法）

子どもの見る（覚える）能力を伸ばす方法です。一瞬で見たものを記憶し、数へとつなげる能力を磨きます。

②物→タイル→数におきかえる

まず、「物（具体物）」の認識とその数との一致をさせ、これを「タイル（半具体物）」に置き換えて数の概念を身につけ、「数（抽象物）」だけで計算がスムーズにできるようにする方法です。

③数を5のかたまりでとらえ直感を磨く

数を5のかたまりで認識することにより、速く計算ができるようになります。

④すこしずつ難しい問題に取り組む（4段階学習法）

4つの段階を踏むことで、よりスムーズに計算ができるようになります。

⑤ゲーム感覚

計算にゲーム性を持たせているので、飽きずに楽しく学習し続けられます。

人間が数を習得するには、一般的には一定の法則があり、また、このワークブックでは、特に0から20までの数の習得に重点を置いています。これは、算数に初めて触れる子どもや、なかなか理解できずにいる子どもたちの学習に、もっとも基本的で、このさきの学習へ進むにあたって重要な数だからです。

さらに、「本能式計算プリント」「ワニマス計算」や、「単語カード」を用いた4段階学習法、「本能式計算法アプリ」（アプリ名「たす・ひく」）によって、計算に磨きをかけます。詳しくは以下の頁をご参照ください。（「単語カード」P.159、「たす・ひく」アプリP.165）

さあ、このワークブックで、あなたの生徒やお子さんが、算数の時間が楽しみになる、そんな体験をしてください！

目 次

本能式計算法とは 2

1 形や数の概念 6

　1．形の認識　6
　2．形の大きさ比べ　9
　3．1から5までのタイルの数比べ　12
　4．6から10までのタイルの数比べ　15

2 1から10までの数の概念 18

　1．1から10の数の読み方　19
　2．1から10の数の概念　28

3 残像現象記憶法 30

4 タイルで数の概念を身につける 31

　1．1から5、6から10までの数　31
　2．11から20までの数の概念　36
　3．「11から20までの数一覧表」を用いた学習　37

5 本能式計算法とは 41

6 たし算の意味 43

　繰り上がりのないたし算　本能式計算　ワニマス計算

7 ひき算の意味 65

　繰り下がりのないひき算　本能式計算　ワニマス計算

8　いくつといくつ　103

9　繰り上がりのある足し算　106
　　本能式計算　ワニマス計算

10　繰り下がりのある引き算　124
　　本能式計算　ワニマス計算

計算を習得するまでのプロセス　156

「4段階式学習法」とは　157

ひかれる数が10以下で、ひく数が前後どちらからひくかの一覧表　164

「たす・ひく」アプリを用いた4段階式学習法　165

到達チェックリスト　168

カット資料1・2　173

解説　だれもが活用でき、効果をあげる教材と指導法の開発　押谷由夫　183

あとがき　191

1　形や数の概念

1．形の認識

　同じ形を覚えた後には、大きさの差を認識し、続いて5の数のかたまりをタイルによって関係づけて覚えていきます。

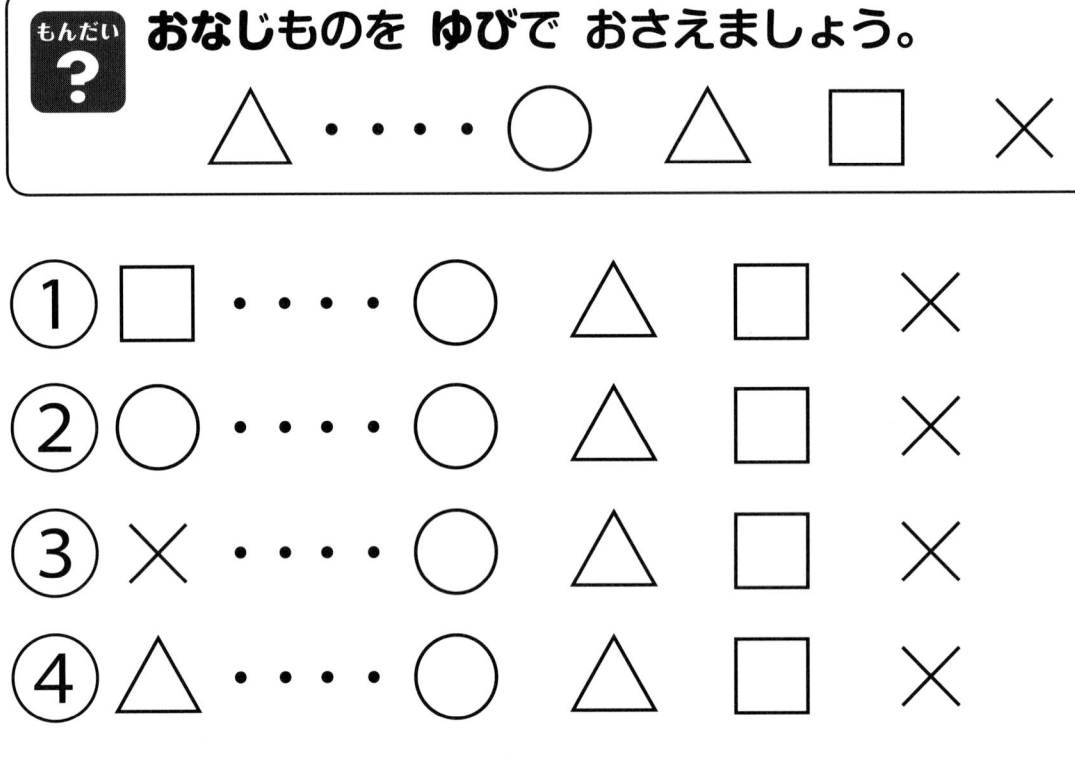

―ワンポイントアドバイス―――――――――

　問題に取り組ませる前に、上記のような [?] を先生や保護者など、指導者がやって見せてから、子どもにやらせてみるといいですよ。

　また、色をぬる問題では、色鉛筆やクレヨンなど使いやすいものを選んでください。きれいに塗れたら、ほめてあげましょう。

　数認識の基礎は5までのタイルで学びますので、しっかり取り組ませましょう。5までのタイルが習得できるまでは、6から10のタイル学習に入ってはいけません。

おなじかたちはどれかな？（１）

なまえ（　　　　　　　　　　）

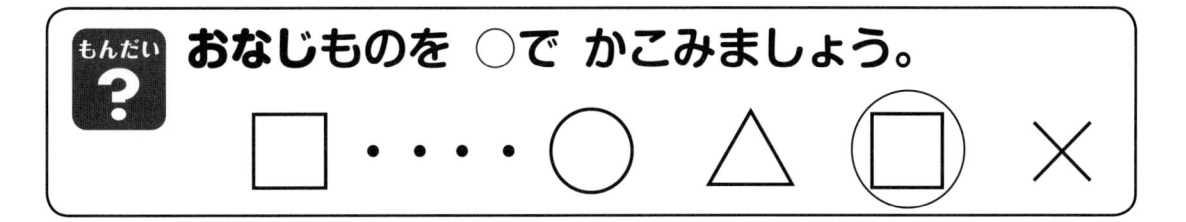

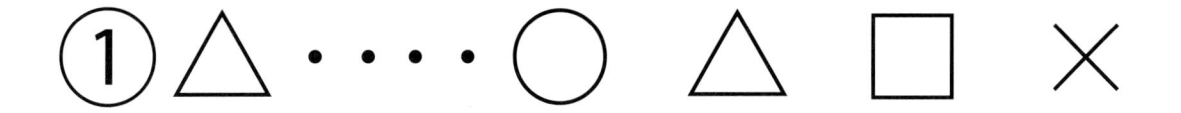

もんだい❓ おなじものを ○で かこみましょう。

□ ・・・・ ○ △ ⬚(○) ✕

① △ ・・・・ ○ △ □ ✕

② ✕ ・・・・ ○ △ □ ✕

③ ○ ・・・・ ○ △ □ ✕

④ □ ・・・・ ○ △ □ ✕

⑤ ◇ ・・・・ ♡ ♠ ◇ ♣

⑥ ♡ ・・・・ ♡ ♠ ◇ ♣

おなじかたちはどれかな？（2）

なまえ（　　　　　　　　）

もんだい おなじものに いろを ぬりましょう。
△ ‥‥ ○　△　□　✕

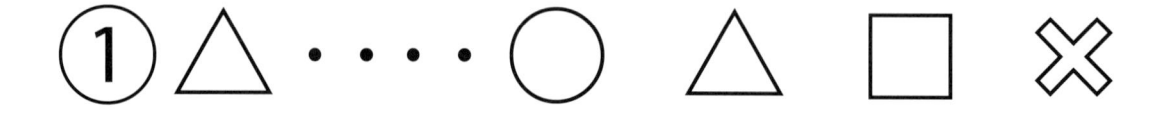

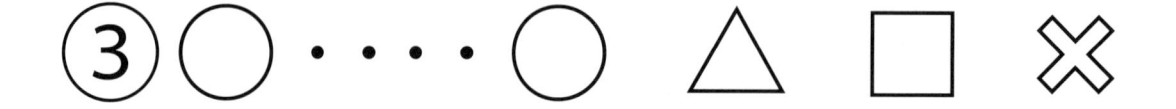

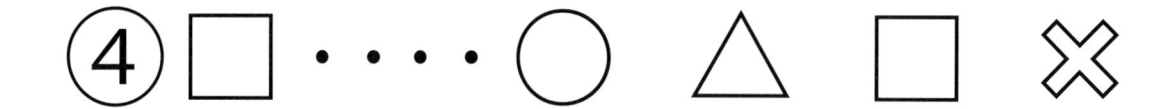

① △ ‥‥ ○　△　□　✕

② ✕ ‥‥ ○　△　□　✕

③ ○ ‥‥ ○　△　□　✕

④ □ ‥‥ ○　△　□　✕

⑤ ◇ ‥‥ ♡　♠　◇　♣

⑥ ♡ ‥‥ ♡　♠　◇　♣

2．形の大きさ比べ

おおきいのはどちらでしょう？（1）

なまえ（　　　　　　　　　　　）

もんだい おおきいほうを ゆびで おさえましょう。

① 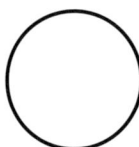　

② 　　

③ 　

おおきいのはどちらでしょう？（２）
なまえ（　　　　　　　　　）

もんだい おおきいほうを ○で かこみましょう。

 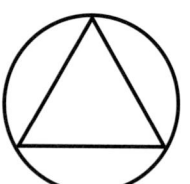

① 　　

② 　　

③ 　　

④ 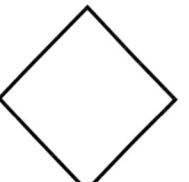　　

おおきいのはどちらでしょう？（3）

なまえ（　　　　　　　　　　）

もんだい おおきいほうに いろを ぬりましょう。

①

②

③

3．1から5までのタイルの数比べ

タイルはいくつあるかな？（1）

なまえ（　　　　　　　　　　　）

もんだい いろを **おおくぬっている ほうを ゆびで** おさえましょう。

①

②

③

④

ワンポイントアドバイス
指導者が **?** をやって、手本を見せてから、子どもに問題をやらせるといいですよ。

タイルはいくつあるかな？（2）

なまえ（　　　　　　　　　　　　）

もんだい いろを **すくなくぬっているほう**を **ゆび**で おさえましょう。

①

②

③

④

タイルはいくつあるかな？（3）
なまえ（　　　　　　　　　）

もんだい ①から⑤とおなじかずを したのわくのなかから 1つえらび ゆびで おさえましょう。

① ■□□□□
② ■■□□□
③ ■■■□□
④ ■■■■□
⑤ ■■■■■

ア ■■■□□
イ ■■□□□
ウ ■■■■■
エ ■□□□□
オ ■■■■□

ワンポイントアドバイス
　数認識の基礎は、5までのタイルです。5までのタイル学習をしっかり取り組ませましょう。5までのタイルが習得できるまでは、6から10までのタイル学習に入っていはいけません。

4．6から10までのタイルの数比べ

タイルはぜんぶでいくつかな？（1）
なまえ（　　　　　　　　　　）

もんだい　いろを おおくぬっているほうを ゆびで おさえましょう。

①
②
③
④
⑤

タイルはぜんぶでいくつかな？（2）

なまえ（　　　　　　　　　　　）

もんだい ？ いろを **すくなく**ぬっているほうを **ゆび**で
おさえましょう。

①

②

③

④

⑤

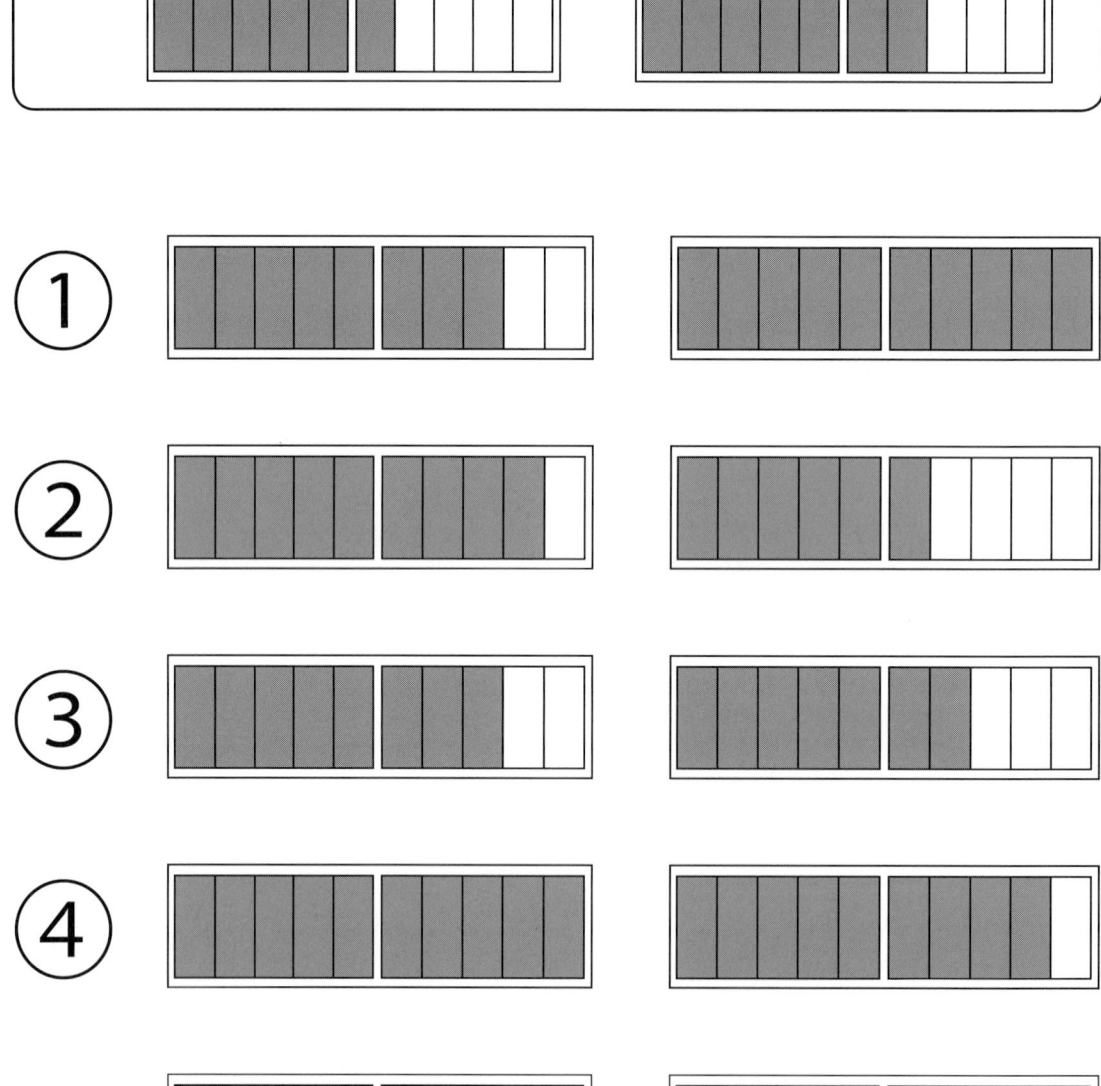

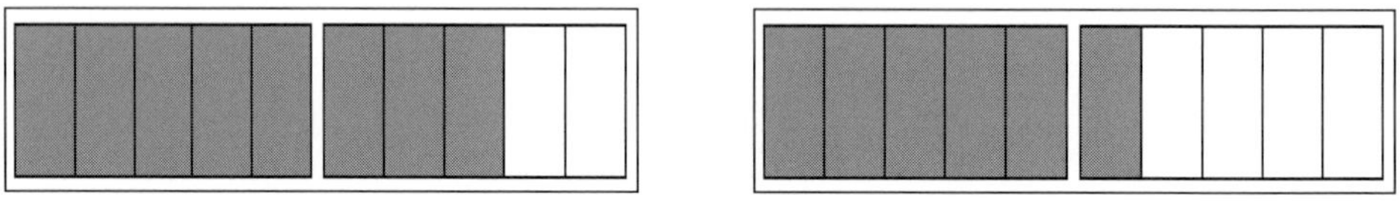

タイルはぜんぶでいくつかな？（3）

なまえ（　　　　　　　　　　）

もんだい ①から⑤とおなじかずを　したのわくのなかから1つえらび　ゆびで　おさえましょう。

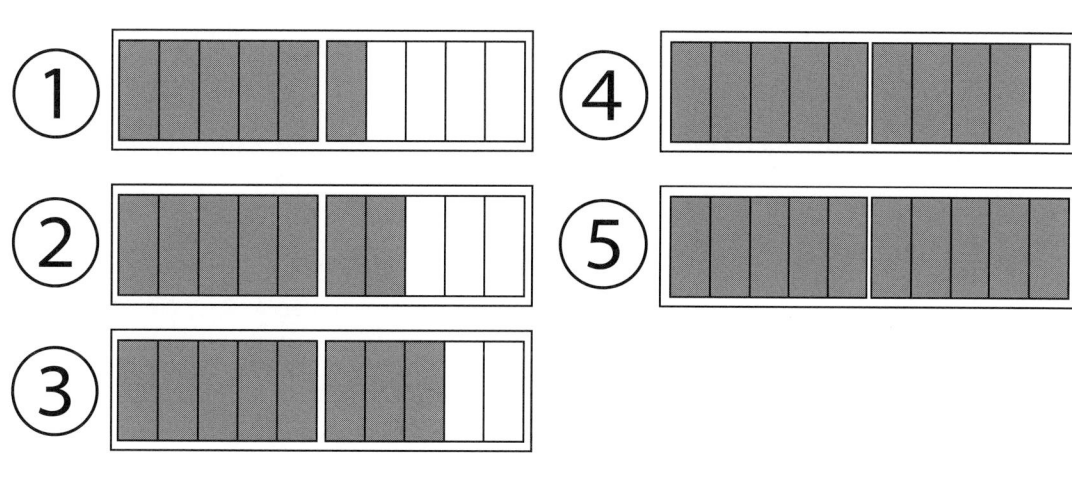

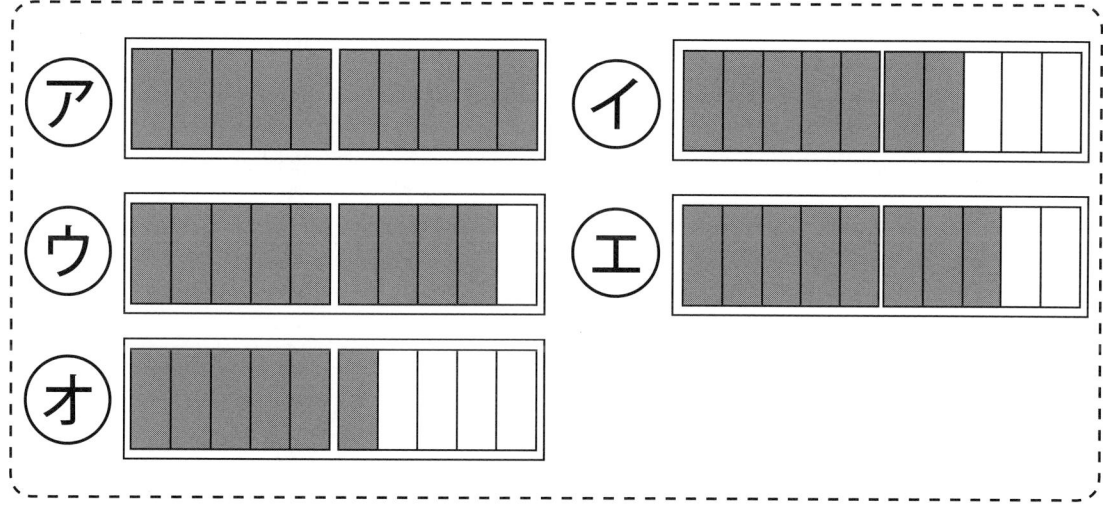

ワンポイントアドバイス
指導者が、1問やって見せてから、子どもに問題をやらせるといいですよ。

2　1から10までの数の概念

ここでは1から10までの数の概念を習得します。

指導方法

①「絵」と「タイル」と「数字」を見せ、指で押さえさせながら、数を認識させるとともに数字を読む練習をさせます。
　（「☆が1つ」と「タイルが1つ」と数字の「1」が同じだと理解させます）。
②数字を読む際、1（いち）、2（に）、3（さん）、<u>4</u>（し・よん）、5（ご）、6（ろく）、<u>7</u>（しち・なな）、8（はち）、<u>9</u>（く・きゅう）、10（じゅう）と読みます。子どもにも声に出して読ませます。アンダーラインをひいた3つの数字（4・7・9）には、2通りの読み方があります。単に数字を読む場合は、4を「し」、7を「しち」、9を「く」と用います。
　（例）1（いち）、2（に）、3（さん）、4（し）、5（ご）、6（ろく）、7（しち）、8（はち）、9（く）、10（じゅう）

- 数字に単位（g、円、本……等）が付く場合（「時間」「時刻」は、別です）
  4を「よん」、7を「なな」、9を「きゅう」と用います。
  （例）4g（よんぐらむ）
　　　　7円（ななえん）
　　　　9本（きゅうほん）

③数字を正しい筆順で指でなぞらせながら、数字を言わせます。
④数字を教える順番は、「1」、「2」、「3」、……「10」、「0」が望ましいです。「0」は、何もないということで、感覚的に分かりにくいため最後に教えるとよいでしょう。
⑤ここでは、時間をかけてじっくり習得させることが大切です。

1. 1から10の数の読み方

それぞれのかずを よんでみましょう。
☆はいくつありますか？ □□□□□にいろがぬってあるところはいくつありますか？ すうじはなんとよみますか？

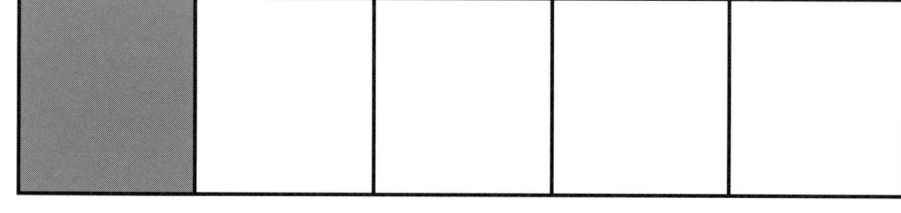

(いち)

1

- -

(に)

2

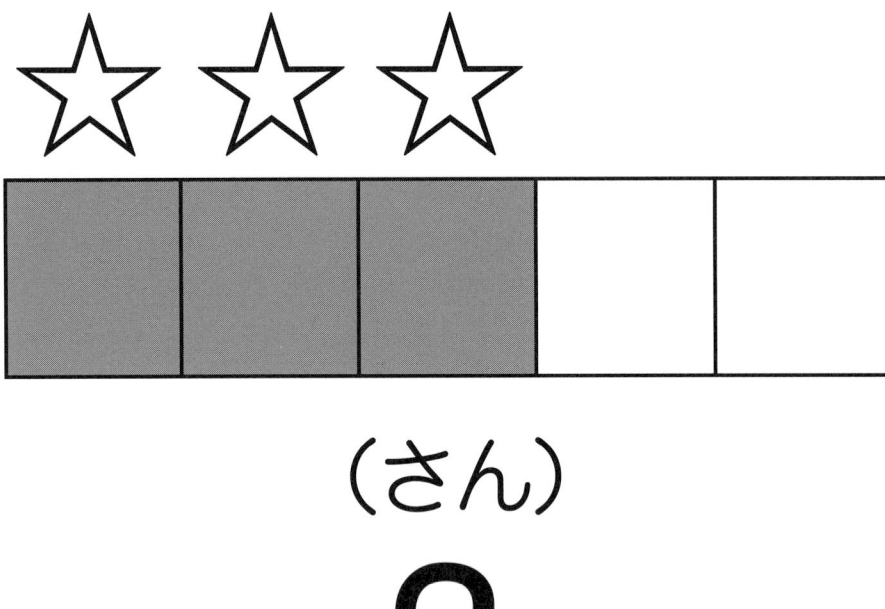

(さん)

3

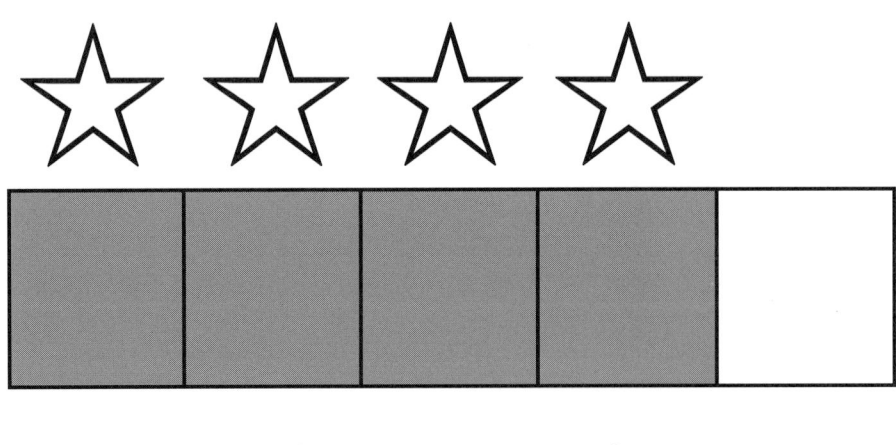

(し・よん)

4

2 1から10までの数の概念 21

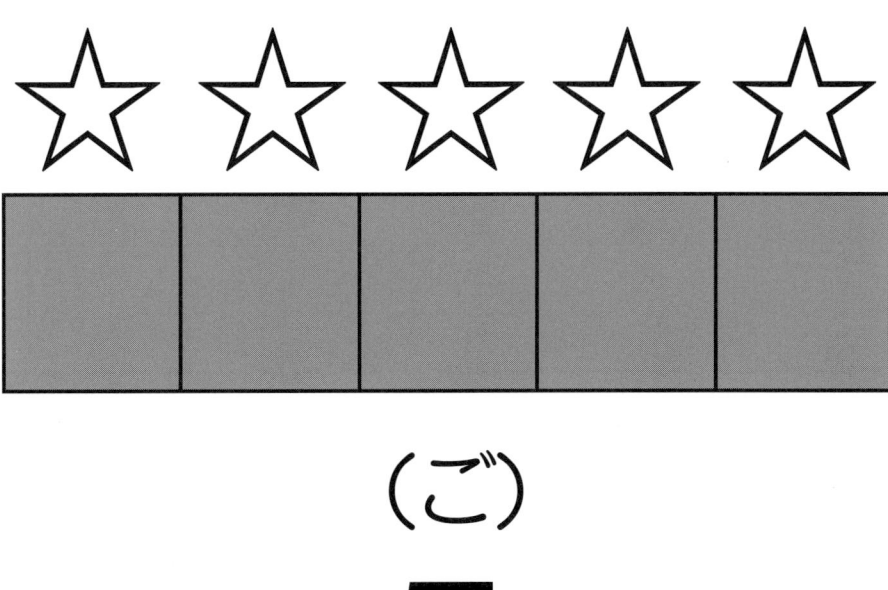

(ご)

5

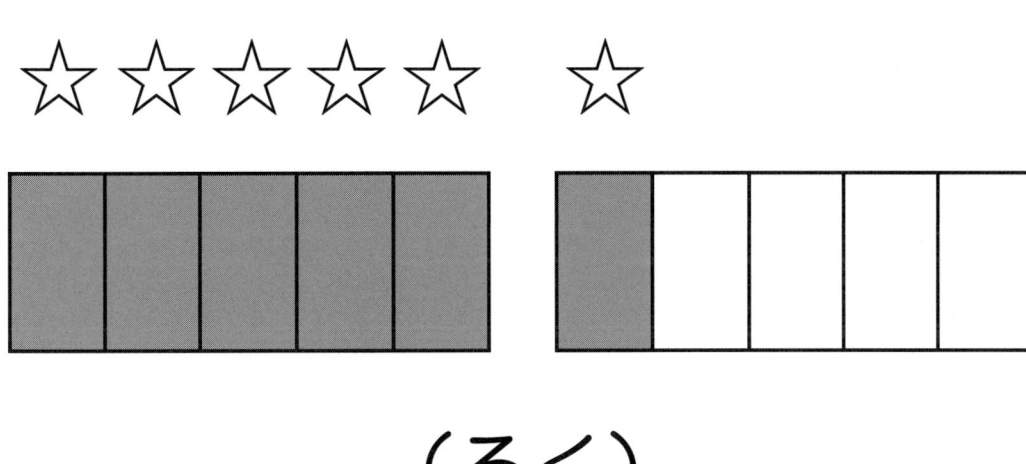

(ろく)

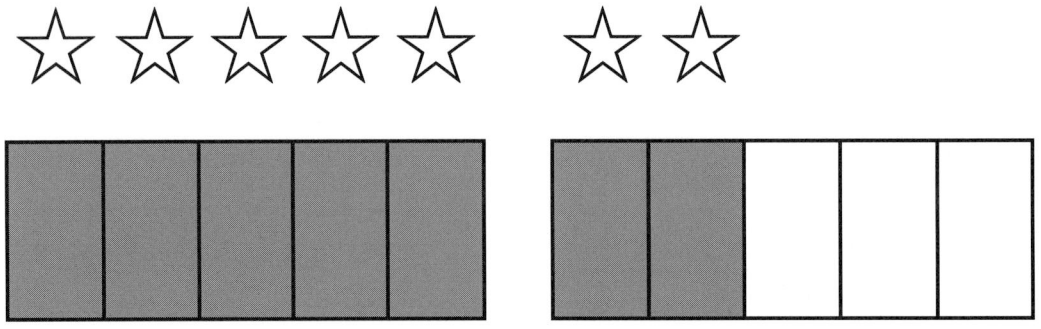

（しち・なな）
7

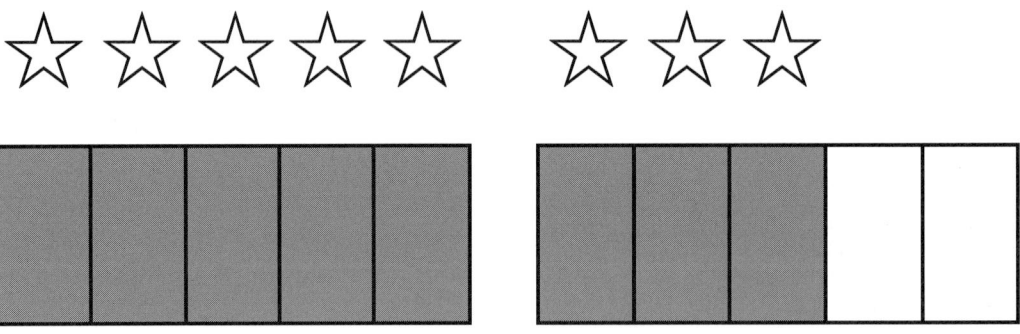

（はち）
8

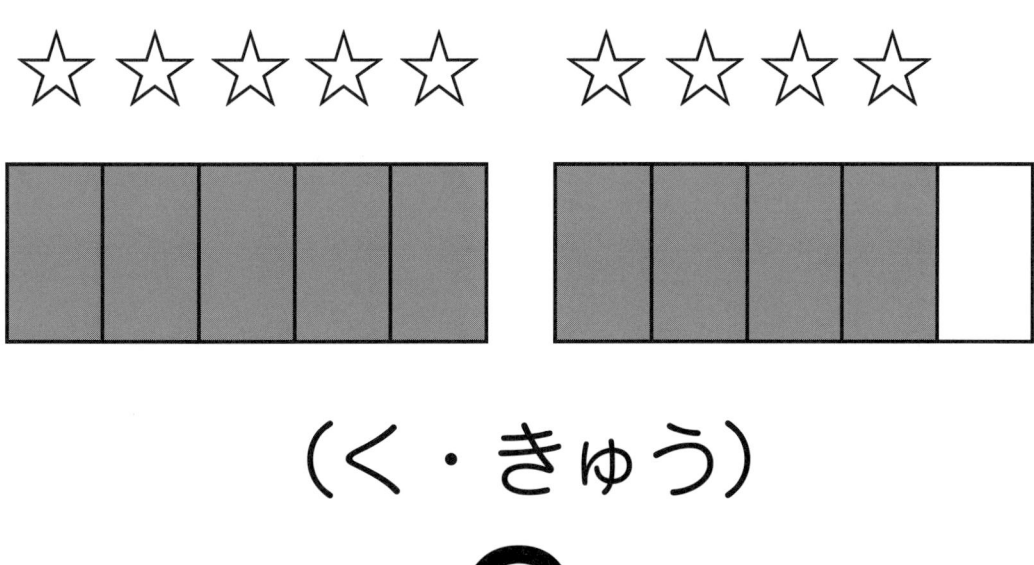

（く・きゅう）
9

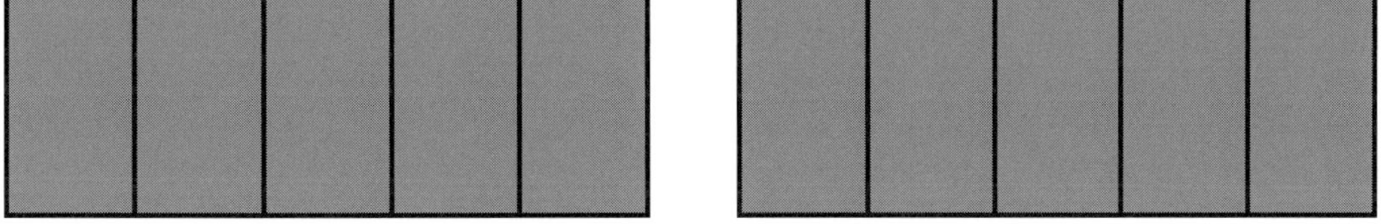

（じゅう）
10

☐☐☐☐☐ ☐☐☐☐☐

(れい)

0

すうじをよんでみよう！（1）

 すうじを ゆびで おさえながら
すうじを よみましょう。

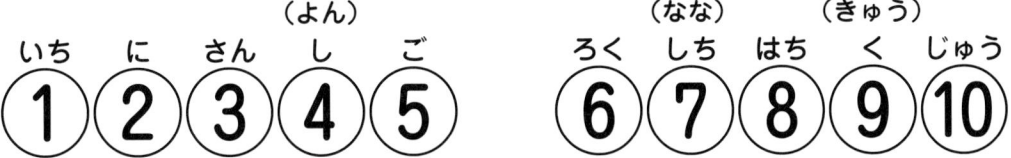

すうじをよんでみよう！（2）

 すうじを ゆびで おさえながら
すうじを よみましょう。

①②③④⑤　⑥⑦⑧⑨⑩

すうじをよんでみよう！（3）

もんだい すうじを ゆびで おさえながら
すうじを よみましょう。

(1)

①

(4)

① ② ③ ④

(2)

① ②

(5)

① ② ③ ④ ⑤

(3)

① ② ③

すうじをよんでみよう！（4）

> **もんだい**
> ぜんぶで なんこありますか？
> こえにだし、**ゆびで** すうじを おさえながら
> かぞえましょう。

① ② ③ ④ ⑤　⑥

① ② ③ ④ ⑤　⑥ ⑦

① ② ③ ④ ⑤　⑥ ⑦ ⑧

① ② ③ ④ ⑤　⑥ ⑦ ⑧ ⑨

① ② ③ ④ ⑤　⑥ ⑦ ⑧ ⑨ ⑩

2．1から10の数の概念

ぜんぶでなんこかな？（1）

 まるは ぜんぶで なんこありますか？
こえにだし、**ゆび**で まるを おさえながら
かぞえましょう。

（1）

○

（2）

○○

（3）

○○○

（4）

○○○○

（5）

○○○○○

ぜんぶでなんこかな？（2）

もんだい まるは ぜんぶで なんこありますか？
こえにだし、**ゆびで** まるを おさえながら
かぞえましょう。

3 残像現象記憶法

ここでは一瞬で、物を認識する力をつけます（残像現象記憶法）。

指導方法

①最初は、ゆっくりと例題を用いて練習をさせます。

②「これからある動物のカードを、ちょっとだけ見せるから、当ててね」と言います。事前にカードが子どもに見えないように、ボード等で隠れるようにしてください。

③最初は、提示する時間を長めにとって学習に慣れさせるとともに、子どもに達成感や充実感を味わわせましょう。

④学習に慣れてきたら、カードを提示する（見せる）時間を短くします。

⑤いろいろな問題を何度も繰り返してすることが大切です。

⑥慣れてくれば、カードにこだわることなく、いろいろな物で練習するとよいでしょう。

※P.173の資料を拡大して台紙に貼って活用してください（子どもの好きなキャラクターを使用しても有効です）。

4 タイルで数の概念を身につける

1．1から5、6から10までの数

　ここでは一瞬で、横表示や縦表示のタイルで1から5までと、6から10のタイルを認識する力をつけます（残像現象記憶法）。

　また、P.175の資料を単語カードとして利用することにより、一人で5までのタイルを認識する力をつけます。

指導方法

- 「これから色のついてるタイルのカードを、ちょっとだけ見せるから、その数を当ててね」と言います。事前にカードが子どもに見えないように、ボードや机で隠れるようにする。
- 最初は、カードを横表示で提示し、その後、縦表示も行います。これは、10以上の数字をタイルで表示する際には縦表示を用いるので、慣れさせておく必要があるからです。

- 最初は、提示する時間を長めにとり、学習に慣れさせるとともに、子どもに達成感や充実感を感じさせます。
- 学習に慣れてきたら、タイルを提示する（見せる）時間を短くします（残像現象を利用）。

- 「０から５までのタイルの認識」ができない限り、次の「６から10までのタイルの認識」に進んではいけません。これは「６から10までのタイルの認識」は、５までの確実な認識が有効だからです。
- ０は認識が難しいので最後に教えて下さい。
- 切り取った単語カードの端の○印に穴を開け、市販の（100円ショップ等で売っている）リングを通して活用して下さい。

※裏面のタイルの左上端に表面の答えを○付き数字で小さく掲載すると、何が表面に掲載してあるかすぐに分かります。

資料の使用方法

【残像現象記憶法を用いた場合】
- カット資料２（P.175）に掲載しているカードを切り取り、厚紙などの台紙に貼ります。
- 縦表示で子どもに提示する際は、色が塗られている部分を下向きにします。

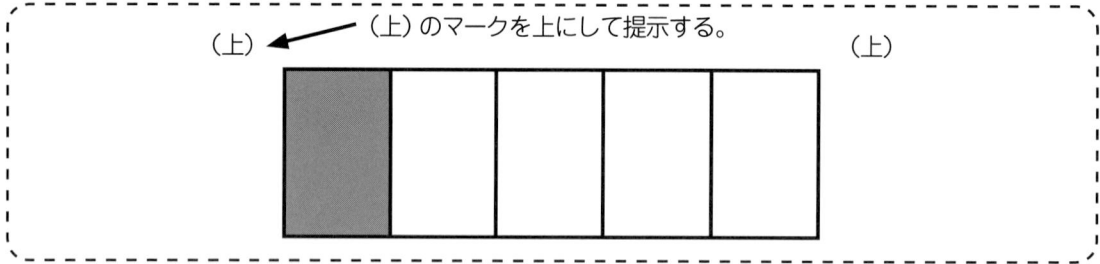

【横表示の単語カードとして使用する場合】
- カット資料２（P.175）に掲載している単語カードを切り取り、台紙に貼ります。
- 向かって左の端の○の部分をパンチなどで穴を開け、リングでまとめます。
- できる限り速くめくり、タイルの数をすぐに答えられるようにくりかえします。

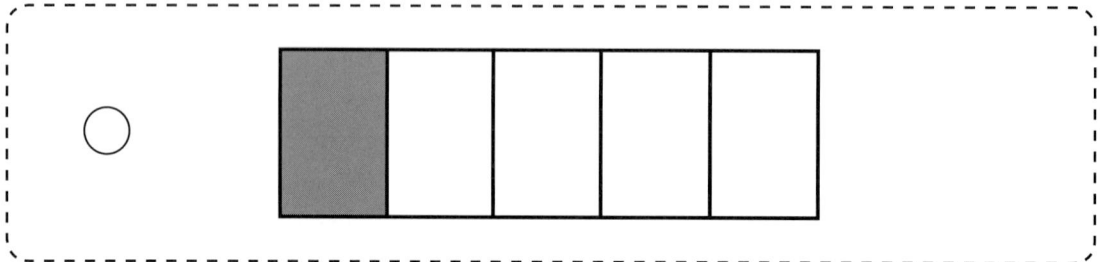

カードの裏面に数字を大きく入れ、「当たり！」とゲームのようにすると楽しいかもしれませんね！

数字の書き方

なまえ（　　　　　　　　　）

10までの数（1）

なまえ（　　　　　　　　　　）

もんだい おなじかずを せんで むすびましょう。

- 9（く・きゅう）
- 3（さん）

- 2（に）
- 5（ご）
- 4（し・よん）
- 1（いち）
- 6（ろく）
- 10（じゅう）
- 8（はち）
- 7（しち・なな）

10までの数（2）

なまえ（　　　　　　　　　　　）

もんだい いろがぬられているところのかずを すうじで かきましょう。

（3）　　　（1）

① （　）　⑨ （　）
② （　）　⑩ （　）
③ （　）
④ （　）
⑤ （　）
⑥ （　）
⑦ （　）
⑧ （　）

2．11から20までの数の概念

ここでは11から20までの数をタイルや数字などで把握できるようにします。

指導方法

（1）「11から20までの数一覧表」を用いた学習
- 「11から20までの数一覧表」を用いた学習では、11から20までの数を声を出しながら指で押さえ、11から20までの数を感覚的に認識させます。
- 11から20までの数の呼び方（読み方）について注意しなければならない点があります。それは、「14」「17」「19」は、2通りの読み方があるからです（P.18参照）。

（2）プリント学習
- P.38からP.40をやらせてみます。
- 「縦タイル」の数を ⑩えん や ①えん などのお金に置き換えることにより、タイルを10のかたまりやあまりとして、認識することができるようになります。これをくりかえすことで、数と数字の関係を理解し、数字で表記しやすくなります。

> **ワンポイントアドバイス**
> 「10のたば」や「5のたば」を認識させ、声に出しながら数えさせましょう。
> 指導者がタイルを指さし「いくつですか？」と、問いかけながら使用することも可能です。この場合、数字の部分は隠して下さい。

3．「11から20までの数一覧表」を用いた学習

> **もんだい❓** 11から20までのタイルのかずを こえにだしながら、よんでみましょう。

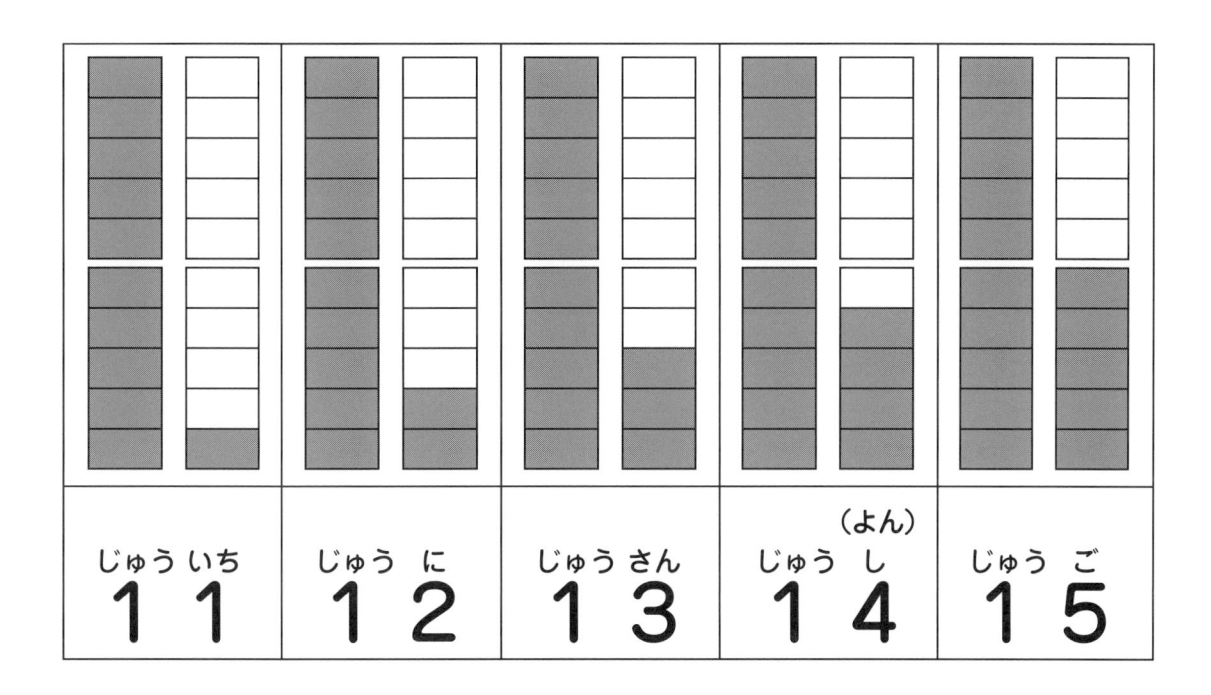

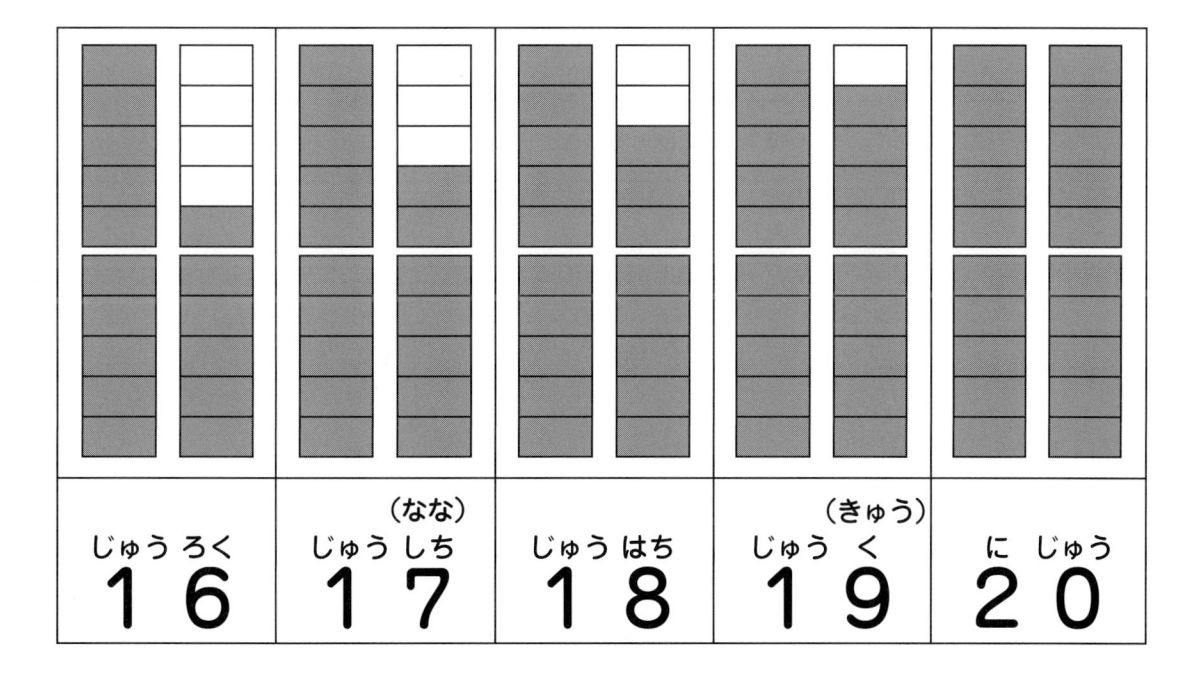

じゅう いち **11**	じゅう に **12**	じゅう さん **13**	（よん） じゅう し **14**	じゅう ご **15**

じゅう ろく **16**	（なな） じゅう しち **17**	じゅう はち **18**	（きゅう） じゅう く **19**	に じゅう **20**

11から20までの数の一致（1）

なまえ（　　　　　　　　　　　）

もんだい　あいているところに すうじを かきいれましょう。

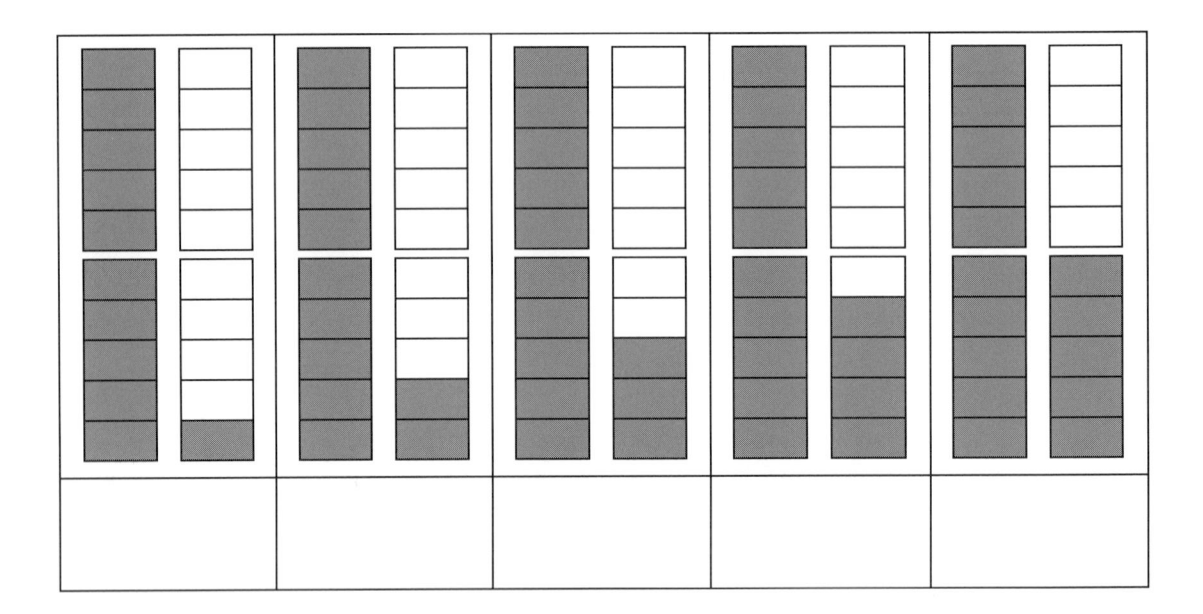

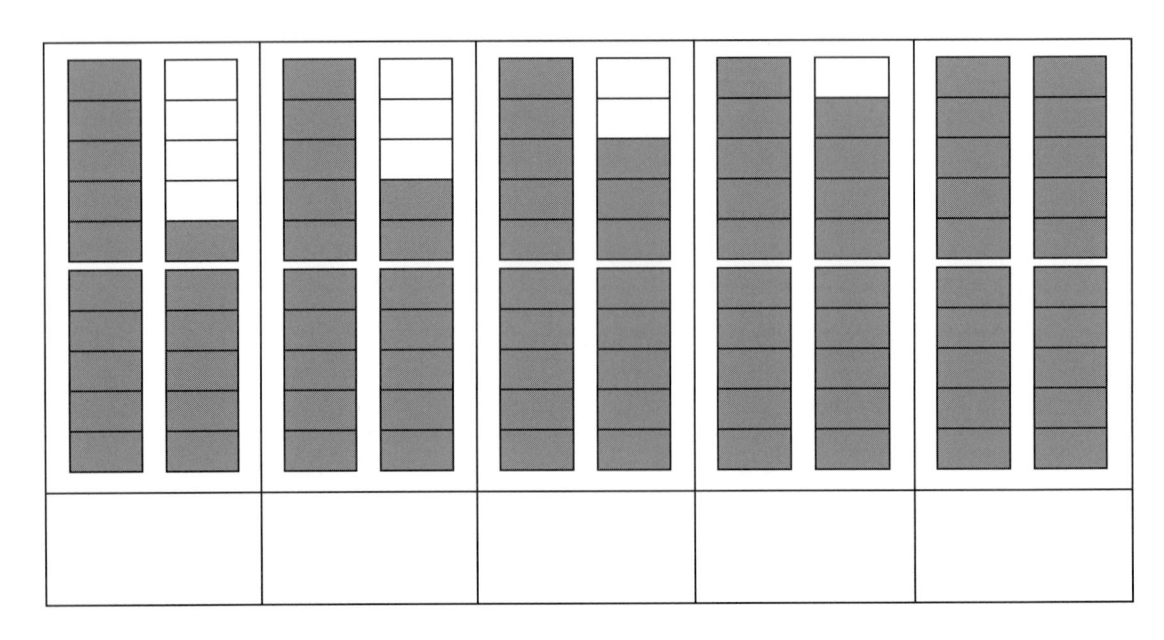

11から20までの数の一致（2）

なまえ（　　　　　　　　　　）

もんだい いろがついているタイルのかずだけ おかねを あかえんぴつでぬりましょう。
そして、（ ）のなかに ぬったおかねを すうじでかきましょう。

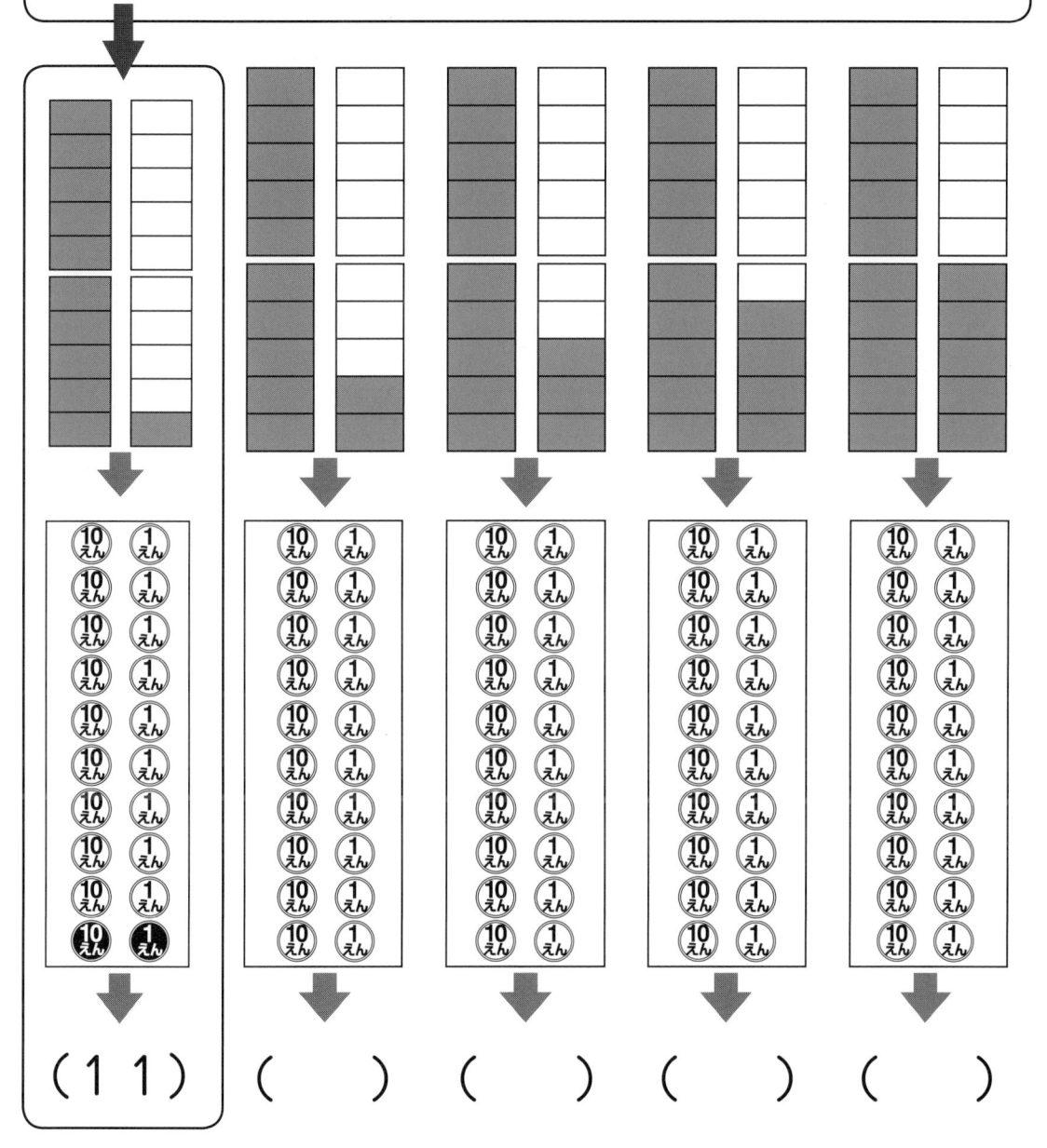

（１１）　（　）　（　）　（　）　（　）

11から20までの数の一致（3）
なまえ（　　　　　　　　　　）

もんだい いろがついているタイルのかずだけ
おかねを あかえんぴつでぬりましょう。
そして、（　）のなかに ぬったおかねを すうじでかきましょう。

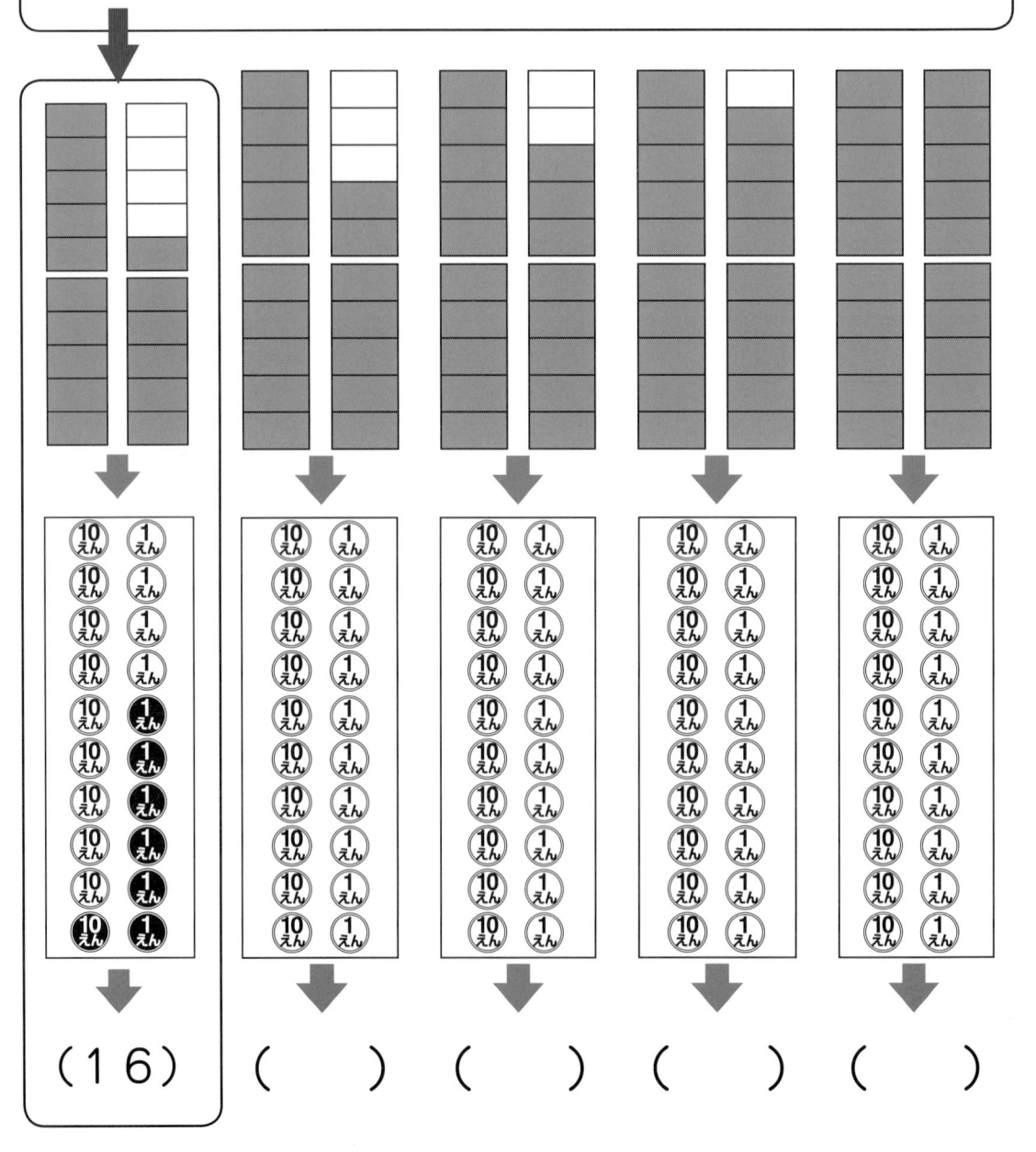

（１６）　（　）　（　）　（　）　（　）

5　本能式計算法とは

「本能式計算法」の3つの特徴

特徴1

　物や数等を認識させる際は、一瞬見せて隠すことにより、見ようとする本能を呼び起こします。またその際、残像現象が起こり、物や数等を認識することができます。それを利用した指導法がこの残像現象記憶法です。

　人間は、じっくり対象物を見せられるのと、一瞬だけ見せられるのとでは、どちらがその対象物を認識する割合が高いでしょうか。一般的には、じっくり見せられる方が認識率が高くなるようです。個人差はありますが、一瞬だけ見せられた場合、見ようとする（覚えようとする）力が働くため、認識率が高くなるのです。それは、「これは、何だろう」と疑問が起こり、本能的に認識しようとする働きが起こるのだと言われています。

　本能式計算法の利点は、子どもと遊び感覚・ゲーム感覚でできることです。「好きこそものの上手なれ」ということわざがありますが、楽しい指導法を用いれば、より高い教育的効果が期待できます。

特徴2

　5のかたまりのタイルをベースにした数の認識指導法です。

　実は人間は、自然に5のかたまりをベースにしながら、数を認識しています。

　例えば、5のかたまりをベースにして、4のタイルでは（■■■■□）で空白の1つを認識することから、提示された数が4であるということが容易に分かります。黒い部分と空白の部分を併用して5までの数を認識しているのです。同様に、自然と5の合成・分解を覚えることもできます（5は1と4、2と3、3と2、4と1）。

　この理論は、6以上の数にも同じことが言えます。

　例えば、7のタイル（■■■■■）（■■□□□）では、前の5のかたまりは、数えなくても5であると既習していますので、後ろの2つのタイルを見れ

ば、7であることが分かります。この指導法を用いることにより、タイルなどの数を数える際、1、2、……と指を折って数えることはなくなります。

この学習は繰り上がりや繰り下がりのある計算をする際にも、活用されます。

特徴3

本能に基づいた交換の法則や数の削除法です。

「本能に基づいた交換の法則」とは、具体的に言えば、2＋6より、6＋2のほうが本能的に答えを導きやすいことです。これはたし算では、たされる数（前の数）に大きな数をもってきたほうが本能的に答えが導きやすいからです。

「本能に基づいた数の削除法」とは、ひき算における一種の本能的な削除の方法のことです。

例えば、7－2と7－5とでは、ひき方（削除）が異なってきます。

7－2では、（■■■■）（■■■□□）の後ろから2個とります。しかし7－5では、（■■■■■）（■■□□□）の前から5個とります。

人間は本能により、ひき算を行う際、「後ろから削除しやすい時」と「前から削除しやすい時」があり、それには、ある一定の法則があります（個人差はあります）。

私はこの法則を立証するために、大人50人と子ども（小学生から中学生）50人を対象に調査を行いました。その結果をもとにしながら、本能的・感覚的にひかれる数をひく数が前後どちらからひけば、イメージしやすいかをまとめたものがP.164の「ひかれる数が10以下で、ひく数が前後どちらからひくかの一覧表」です（ひかれる数とひく数が同じ場合は、後ろからでも前からでも削除する際、同じなので、分類の対象から外しました。〈例〉1－1、2－2、3－3、……10－10）

6 たし算の意味

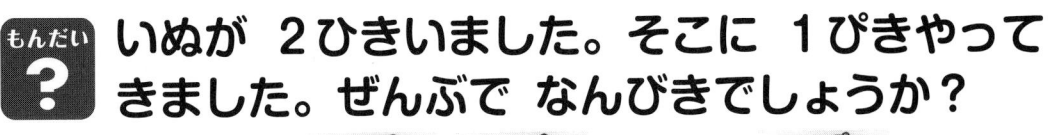

もんだい いぬが 2ひきいました。そこに 1ぴきやって きました。ぜんぶで なんびきでしょうか？

しきにすると、

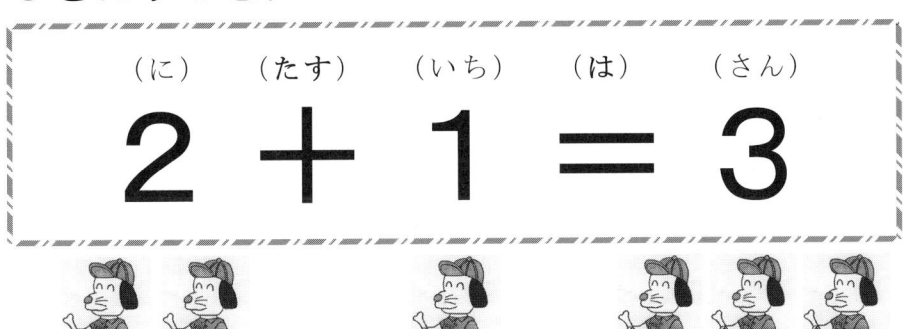

$$\underset{(に)}{2} \underset{(たす)}{+} \underset{(いち)}{1} \underset{(は)}{=} \underset{(さん)}{3}$$

となり、3びきですね。このしきを「たしざん」といいます。

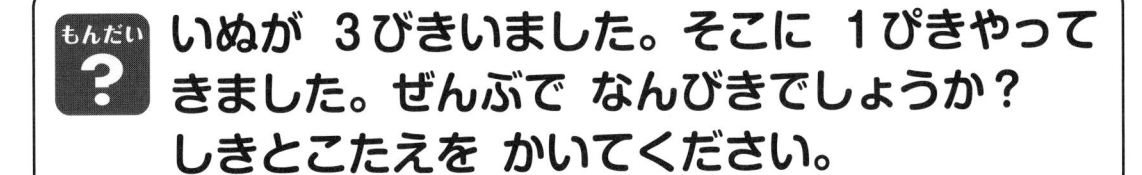

もんだい いぬが 3びきいました。そこに 1ぴきやって きました。ぜんぶで なんびきでしょうか？ しきとこたえを かいてください。

【しき】

繰り上がりのないたし算

本能式計算　答えが5までのたし算（1）

なまえ（　　　　　　　　　　）

もんだい たされるかずとたすかずの
タイルをみながら、
こたえを かきましょう。

（たされるかず）（たすかず）
$2 + 1 = 3$

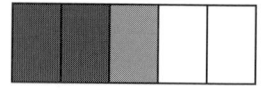

(1) $1 + 1 =$

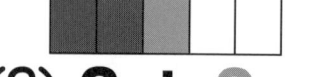

(2) $2 + 1 =$

(3) $2 + 2 =$

(4) $3 + 1 =$

(5) $3 + 2 =$

(6) $4 + 1 =$

(7) $1 + 2 =$

(8) $1 + 3 =$

(9) $1 + 4 =$

(10) $2 + 3 =$

(11) $1 + 0 =$

(12) $2 + 0 =$

(13) $3 + 0 =$

(14) $4 + 0 =$

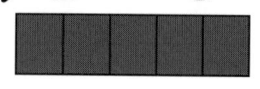

(15) $5 + 0 =$

本能式計算　答えが5までのたし算（2）

なまえ（　　　　　　　　　　）

もんだい たすかずのタイルを イメージしながら、こたえを かきましょう。

（たされるかず）（たすかず）
1 + 1 = 2

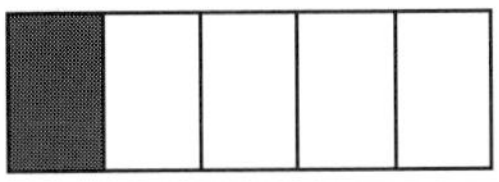

(1) 1 + 2 =

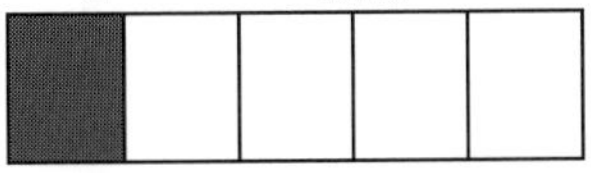

(2) 3 + 1 =

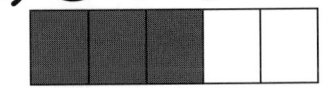

(3) 2 + 0 =

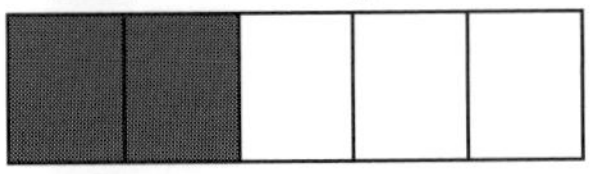

(4) 2 + 2 =

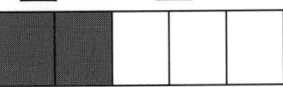

(5) 1 + 1 =

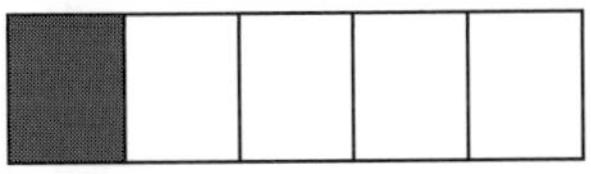

(6) 5 + 0 =

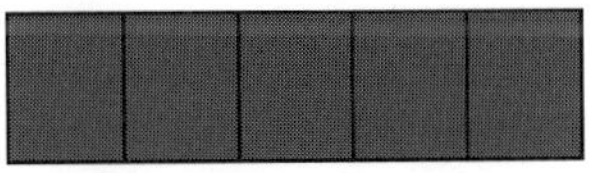

(7) 4 + 1 =

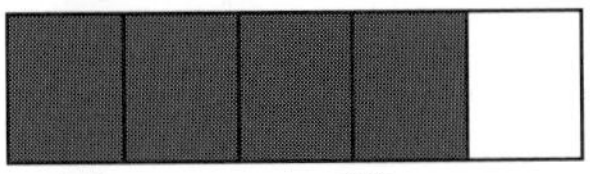

(8) 1 + 3 =

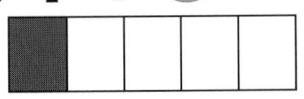

(9) 1 + 0 =

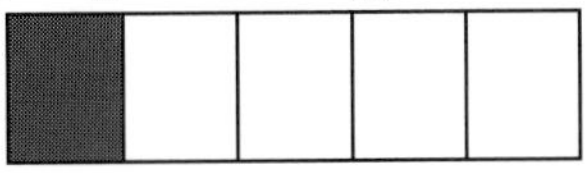

(10) 2 + 1 =

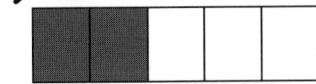

(11) 3 + 2 =

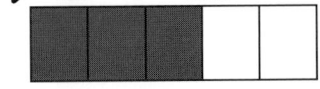

(12) 4 + 0 =

(13) 1 + 4 =

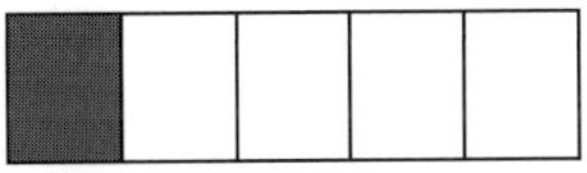

(14) 2 + 3 =

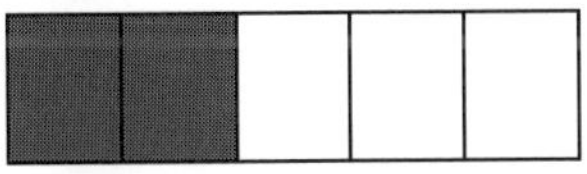

(15) 3 + 0 =

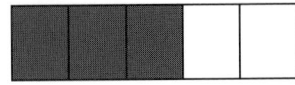

本能式計算　答えが5までのたし算（3）

なまえ（　　　　　　　　　　）

もんだい つぎの もんだいに こたえましょう。

$$2 + 1 = 3$$

(1) $1 + 1 =$

(2) $3 + 2 =$

(3) $4 + 0 =$

(4) $2 + 2 =$

(5) $1 + 2 =$

(6) $1 + 0 =$

(7) $1 + 4 =$

(8) $1 + 3 =$

(9) $3 + 1 =$

(10) $2 + 1 =$

(11) $3 + 1 =$

(12) $3 + 0 =$

(13) $4 + 1 =$

(14) $2 + 3 =$

(15) $2 + 0 =$

本能式計算　たされる数が5以上9以下のたし算（1）

なまえ（　　　　　　　　　　）

もんだい たされるかずとたすかずのタイルをみながら、こたえを かきましょう。

（たされるかず）（たすかず）
7 + 2 = 9

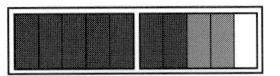

(1) 5 + 1 =
(2) 5 + 2 =
(3) 5 + 3 =
(4) 5 + 4 =
(5) 5 + 5 =
(6) 6 + 1 =
(7) 6 + 2 =
(8) 6 + 3 =
(9) 6 + 4 =
(10) 7 + 1 =
(11) 7 + 2 =
(12) 7 + 3 =
(13) 8 + 1 =
(14) 8 + 2 =
(15) 9 + 1 =
(16) 6 + 0 =
(17) 7 + 0 =
(18) 8 + 0 =
(19) 9 + 0 =

本能式計算 たされる数が5以上9以下のたし算（2）

なまえ（　　　　　　　　　　　）

もんだい たすかずのタイルを イメージしながら、 こたえを かきましょう。

（たされるかず）（たすかず）
5 + 1 = 6

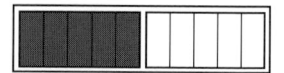

(1) 5 + 2 =
(2) 6 + 3 =
(3) 9 + 0 =
(4) 7 + 1 =
(5) 8 + 1 =
(6) 5 + 4 =
(7) 6 + 4 =
(8) 7 + 0 =
(9) 7 + 3 =

(10) 7 + 2 =
(11) 6 + 0 =
(12) 5 + 3 =
(13) 9 + 1 =
(14) 5 + 5 =
(15) 8 + 0 =
(16) 6 + 1 =
(17) 8 + 2 =
(18) 6 + 2 =

本能式計算　たされる数が5以上9以下のたし算（3）

なまえ（　　　　　　　　　　　　　）

もんだい つぎのもんだいに こたえましょう。

① 5 + 1 = 6　　② 7 + 2 = 9

(1) 5 + 4 =

(2) 6 + 2 =

(3) 8 + 0 =

(4) 7 + 3 =

(5) 8 + 2 =

(6) 6 + 0 =

(7) 5 + 3 =

(8) 6 + 1 =

(9) 7 + 1 =

(10) 7 + 2 =

(11) 5 + 2 =

(12) 7 + 0 =

(13) 9 + 1 =

(14) 5 + 5 =

(15) 6 + 4 =

(16) 9 + 0 =

(17) 8 + 1 =

(18) 6 + 3 =

(19) 5 + 1 =

本能式計算　5の枠を超えるたし算（1）

なまえ（　　　　　　　　　）

もんだい たされるかずとたすかずのタイルをみながら、こたえを かきましょう。

（たされるかず）（たすかず）
$$4 + 3 = 7$$

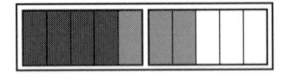

(1) $2 + 4 =$

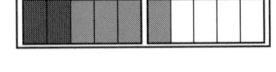

(2) $3 + 3 =$

(3) $3 + 4 =$

(4) $4 + 2 =$

(5) $4 + 3 =$

(6) $4 + 4 =$

(7) $4 + 3 =$

(8) $4 + 2 =$

(9) $4 + 4 =$

(10) $2 + 4 =$

(11) $3 + 4 =$

(12) $3 + 3 =$

本能式計算　5の枠を超えるたし算（2）

なまえ（　　　　　　　　　　）

もんだい たすかずのタイルをイメージしながら、こたえを かきましょう。

（たされるかず）（たすかず）
$$4 + 3 = 7$$

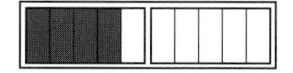

(1) $2 + 4 =$

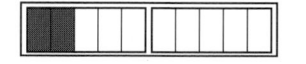

(2) $3 + 3 =$

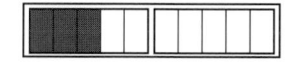

(3) $3 + 4 =$

(4) $4 + 2 =$

(5) $4 + 3 =$

(6) $4 + 4 =$

(7) $4 + 3 =$

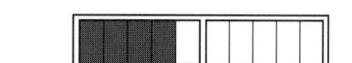

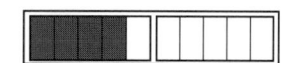

(8) $4 + 2 =$

(9) $4 + 4 =$

(10) $2 + 4 =$

(11) $3 + 4 =$

(12) $3 + 3 =$

本能式計算　5の枠を超えるたし算（3）

なまえ（　　　　　　　　　　　）

もんだい つぎのもんだいに こたえしましょう。

$4 + 3 = 7$

(1) $4 + 3 =$

(2) $2 + 4 =$

(3) $4 + 4 =$

(4) $4 + 3 =$

(5) $4 + 2 =$

(6) $2 + 3 =$

(7) $3 + 4 =$

(8) $3 + 3 =$

(9) $4 + 4 =$

(10) $4 + 2 =$

(11) $4 + 3 =$

(12) $3 + 4 =$

(13) $4 + 2 =$

(14) $3 + 3 =$

(15) $2 + 4 =$

(16) $2 + 3 =$

本能式計算　1けた＋1けた　まとめ1

なまえ（　　　　　　　　　）

もんだい つぎのもんだいに こたえましょう。

$$3 + 1 = 4$$

(1) 1 + 2 =

(2) 5 + 1 =

(3) 7 + 0 =

(4) 6 + 3 =

(5) 3 + 1 =

(6) 7 + 2 =

(7) 5 + 0 =

(8) 3 + 3 =

(9) 4 + 1 =

(10) 2 + 4 =

(11) 3 + 2 =

(12) 1 + 0 =

(13) 4 + 4 =

(14) 6 + 1 =

(15) 4 + 3 =

(16) 9 + 0 =

(17) 1 + 1 =

(18) 7 + 1 =

(19) 5 + 3 =

(20) 3 + 0 =

(21) 8 + 2 =

本能式計算　1けた＋1けた　まとめ2

なまえ（　　　　　　　　　　　）

もんだい つぎの もんだいに こたえましょう。

4 + 3 = 7

(1) 5 + 2 =

(2) 6 + 4 =

(3) 4 + 2 =

(4) 2 + 1 =

(5) 5 + 4 =

(6) 9 + 1 =

(7) 1 + 4 =

(8) 3 + 4 =

(9) 7 + 3 =

(10) 2 + 2 =

(11) 8 + 1 =

(12) 4 + 4 =

(13) 1 + 3 =

(14) 2 + 3 =

(15) 6 + 2 =

(16) 5 + 5 =

6 たし算の意味

ワニマス計算　答えが5までのたし算

なまえ（　　　　　　　　　　　）

ワニ レベル1

もんだい ワニのおなかに けいさんのこたえを かきましょう。

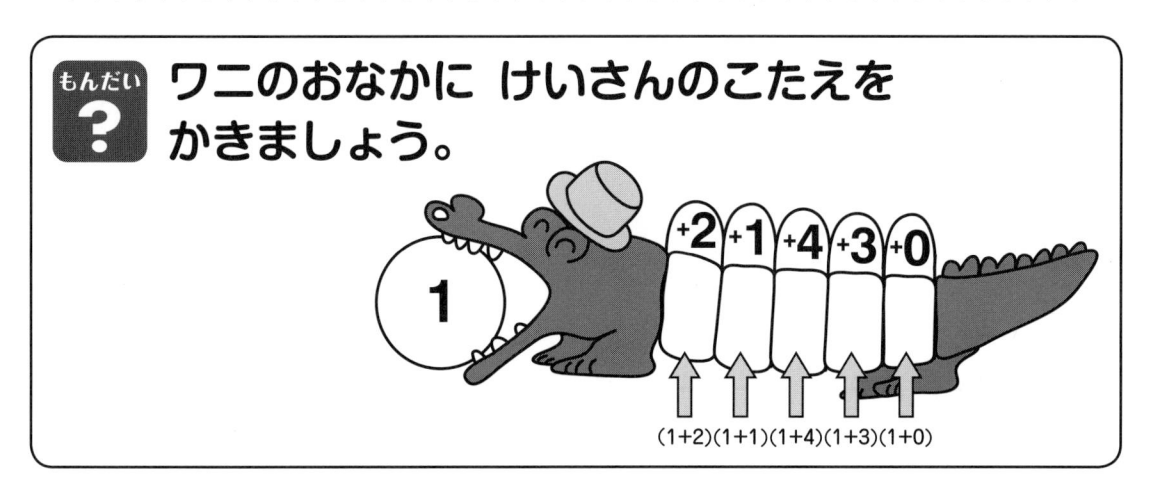

1 　+2 +1 +4 +3 +0
(1+2)(1+1)(1+4)(1+3)(1+0)

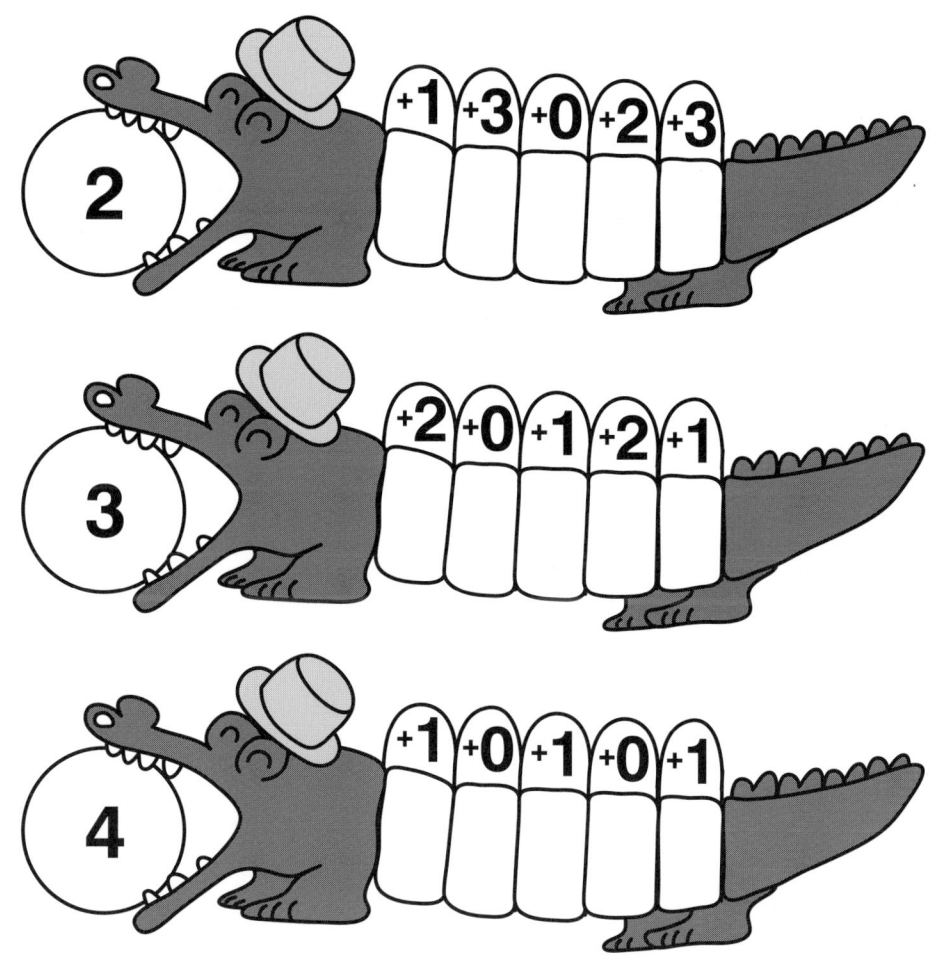

2 　+1 +3 +0 +2 +3

3 　+2 +0 +1 +2 +1

4 　+1 +0 +1 +0 +1

ワニマス計算　たされる数が5以上9以下のたし算

なまえ（　　　　　　　　　　）

ワニレベル2

もんだい
ワニのおなかにけいさんのこたえをかきましょう。

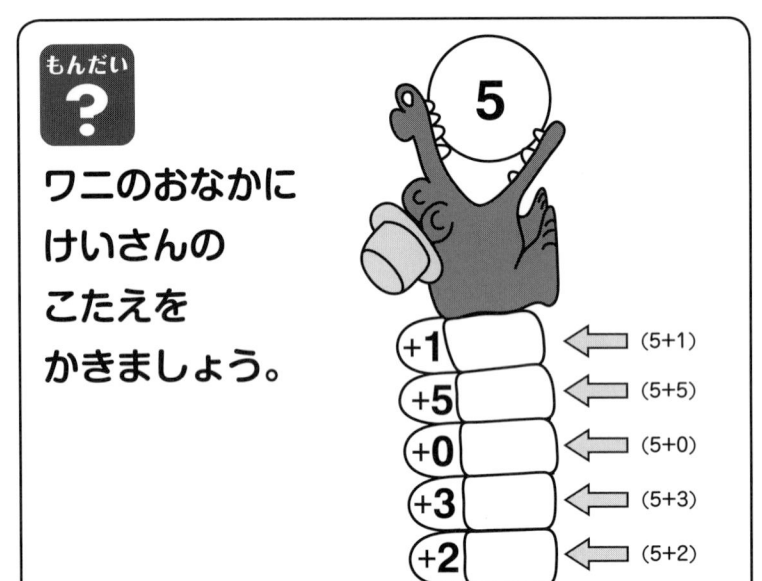

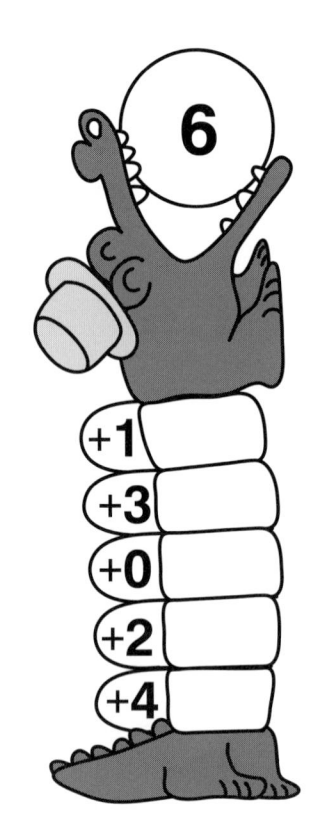

ワニ 5:
- +1 ← (5+1)
- +5 ← (5+5)
- +0 ← (5+0)
- +3 ← (5+3)
- +2 ← (5+2)
- +4 ← (5+4)

ワニ 6:
- +1
- +3
- +0
- +2
- +4

ワニ 7:
- +3
- +0
- +2
- +1

ワニ 8:
- +1
- +0
- +2

ワニ 9:
- +1
- +0

ワニマス計算　5の枠を超えるたし算

なまえ（　　　　　　　　　　）

ワニレベル3

もんだい？
ワニのおなかにけいさんのこたえをかきましょう。

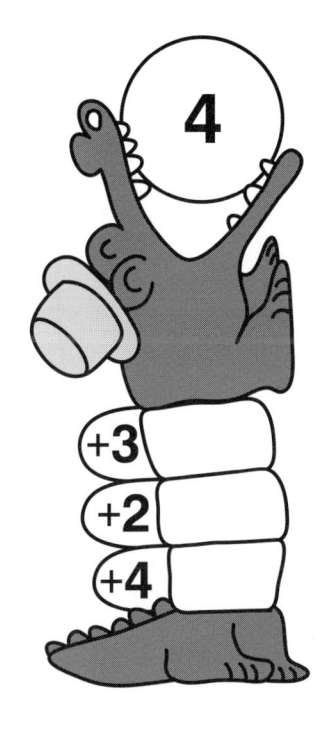

2
+4　←(2+4)

3
+3
+4

3
+4
+3

4
+3
+2
+4

4
+2
+4
+3

ワニマス計算　答えが6までのたし算

なまえ（　　　　　　　　　　）

ワニレベル4

もんだい ワニのおなかにけいさんのこたえをかきましょう。

例: 3 / +1 +0 +3 +2　(3+1)(3+0)(3+3)(3+2)

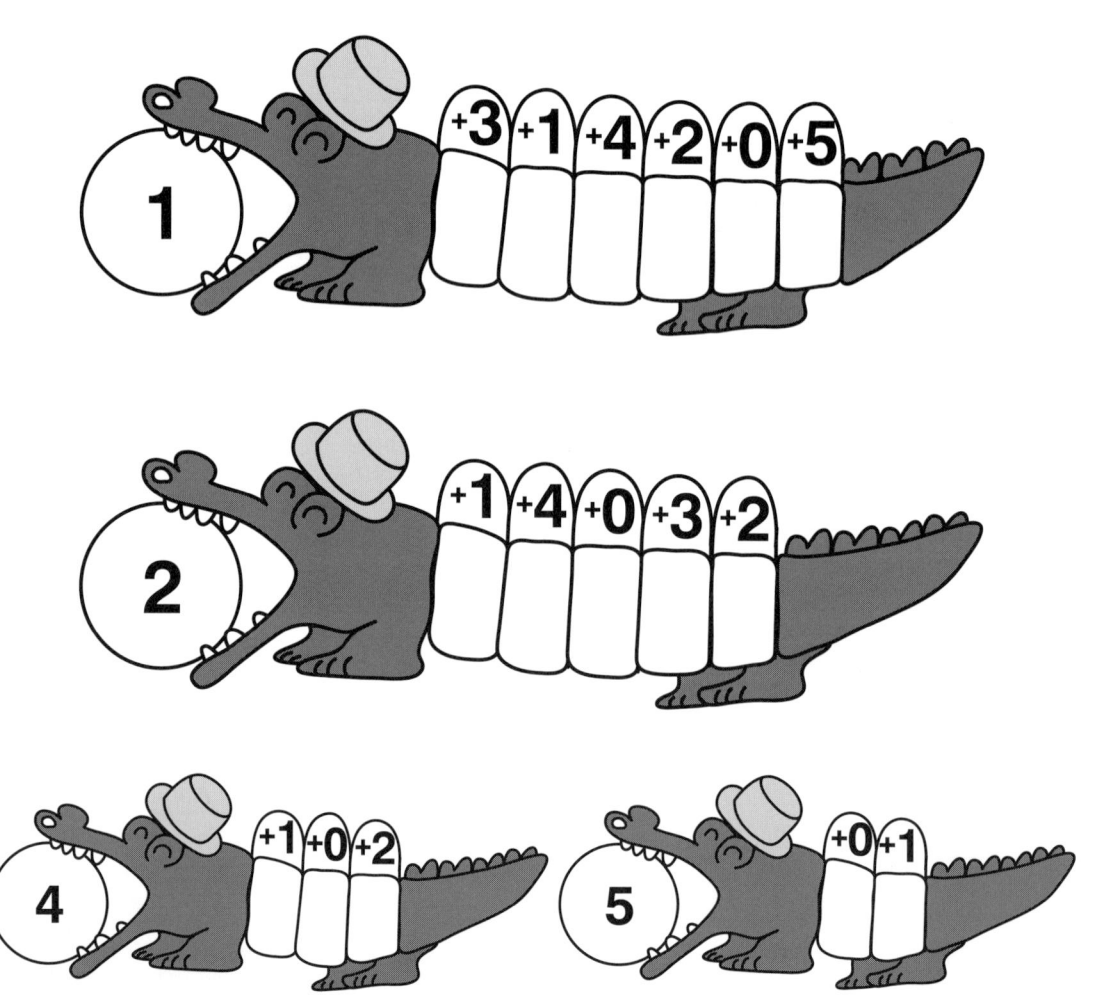

1) 1 / +3 +1 +4 +2 +0 +5

2) 2 / +1 +4 +0 +3 +2

4) 4 / +1 +0 +2

5) 5 / +0 +1

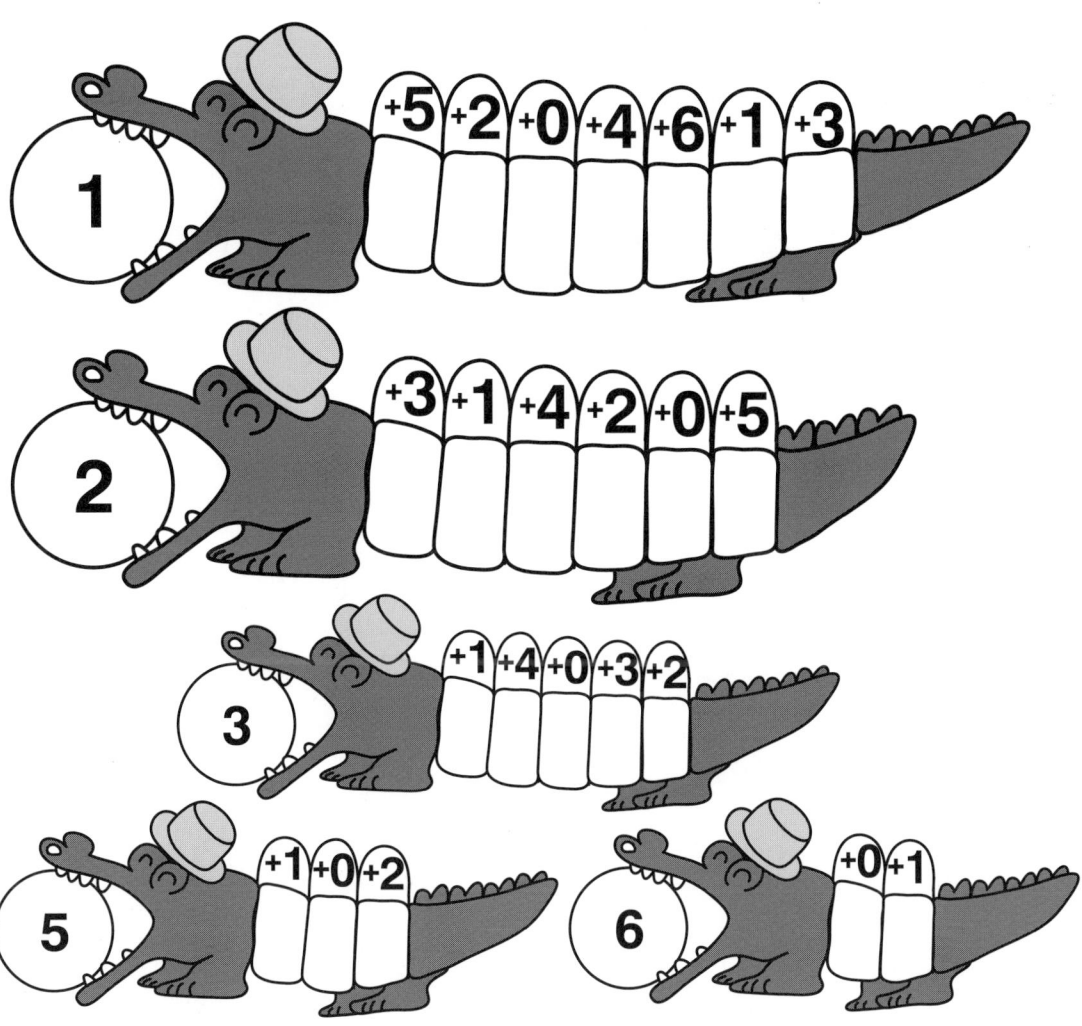

ワニマス計算　答えが7までのたし算

なまえ（　　　　　　　　　　　）

ワニレベル5

もんだい❓ ワニのおなかにけいさんのこたえをかきましょう。

4　｜+1｜+0｜+3｜+2｜

(4+1)(4+0)(4+3)(4+2)

1　｜+5｜+2｜+0｜+4｜+6｜+1｜+3｜

2　｜+3｜+1｜+4｜+2｜+0｜+5｜

3　｜+1｜+4｜+0｜+3｜+2｜

5　｜+1｜+0｜+2｜

6　｜+0｜+1｜

ワニマス計算　答えが8までのたし算

なまえ（　　　　　　　　　　）

ワニ レベル6

もんだい ワニのおなかにけいさんのこたえをかきましょう。

5　｜+1｜+0｜+3｜+2｜
(5+1)(5+0)(5+3)(5+2)

1　｜+5｜+1｜+3｜+0｜+7｜+4｜+6｜+2｜

2　｜+5｜+2｜+0｜+4｜+6｜+1｜+3｜

3　｜+3｜+1｜+4｜+2｜+0｜+5｜

4　｜+1｜+4｜+0｜+3｜+2｜

6　｜+1｜+0｜+2｜

7　｜+0｜+1｜

ワニマス計算　答えが9までのたし算①

なまえ（　　　　　　　　　　　）

ワニレベル7

もんだい ワニのおなかにけいさんのこたえをかきましょう。

4　+3 +1 +4 +2 +0 +5

(4+3)(4+1)(4+4)(4+2)(4+0)(4+5)

1　+4 +1 +8 +3 +0 +7 +5 +2 +6

2　+5 +1 +3 +0 +7 +4 +6 +2

3　+5 +2 +0 +4 +6 +1 +3

ワニマス計算　答えが9までのたし算②

なまえ（　　　　　　　　　）

ワニレベル8

もんだい ワニのおなかにけいさんのこたえをかきましょう。

6　+1 +0 +3 +2
(6+1)(6+0)(6+3)(6+2)

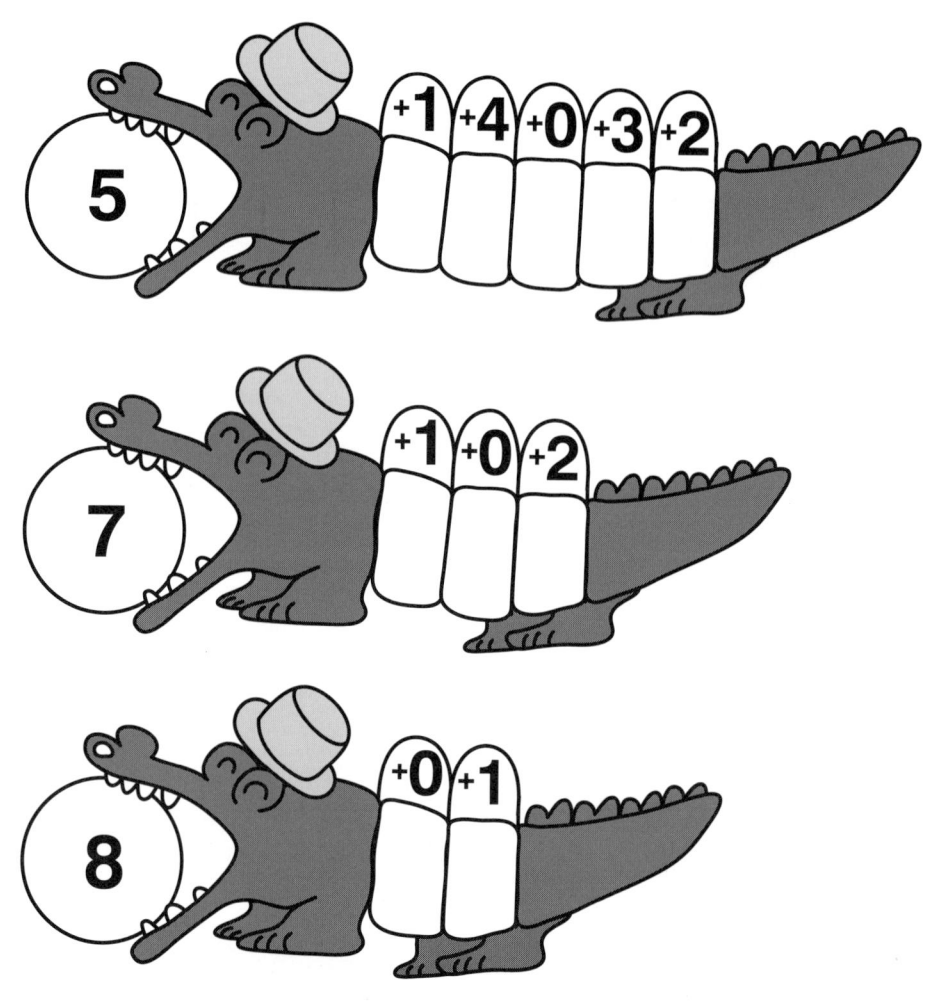

5　+1 +4 +0 +3 +2

7　+1 +0 +2

8　+0 +1

ワニマス計算　答えが10までのたし算①

なまえ（　　　　　　　　　　）　　ワニレベル9

もんだい？ ワニのおなかにけいさんのこたえをかきましょう。

4 ／ +5 +2 +0 +4 +6 +1 +3
(4+5)(4+2)(4+0)(4+4)(4+6)(4+1)(4+3)

1 ／ +5 +1 +9 +2 +7 +3 +0 +6 +4 +8

2 ／ +4 +1 +8 +3 +0 +7 +5 +2 +6

3 ／ +5 +1 +3 +0 +7 +4 +6 +2

ワニマス計算　答えが10までのたし算②

なまえ（　　　　　　　　）

ワニレベル10

もんだい ワニのおなかにけいさんのこたえをかきましょう。

7　+1 +0 +3 +2
(7+1)(7+0)(7+3)(7+2)

6　+1 +4 +0 +3 +2

8　+1 +0 +2

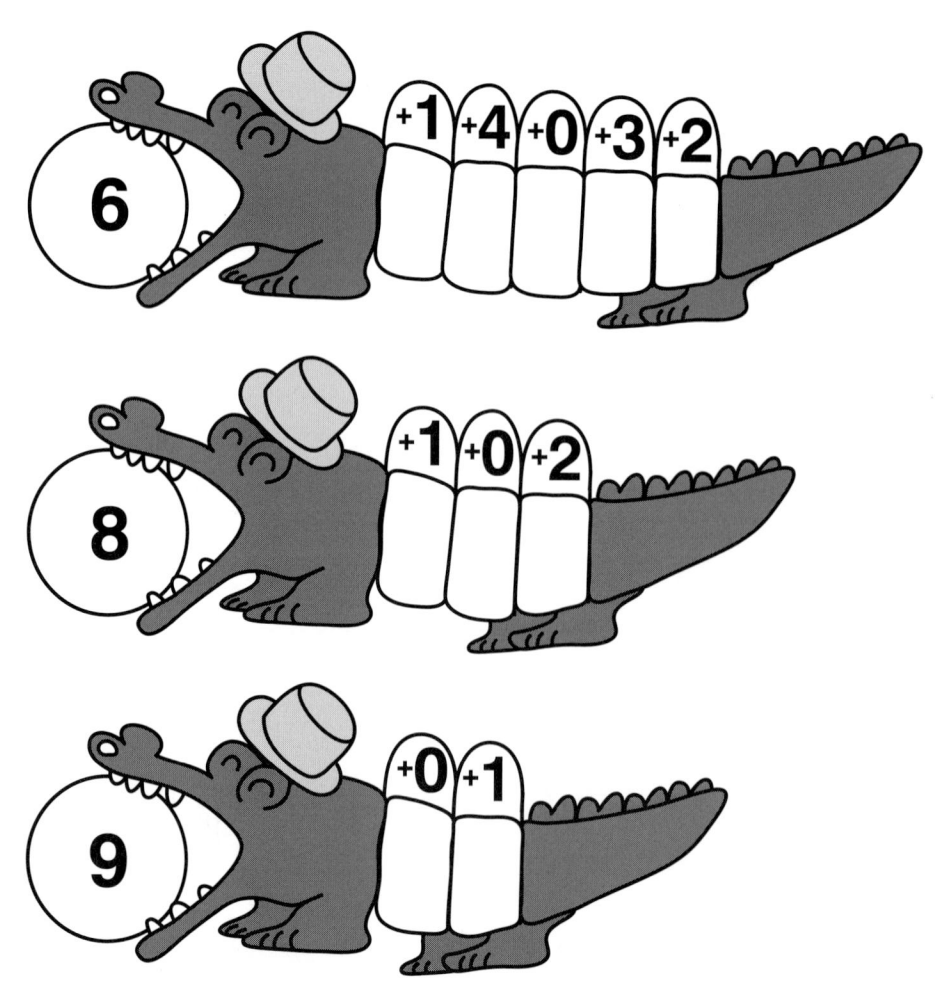

9　+0 +1

7 ひき算の意味

もんだい いぬが 3びきいました。1ぴきかえりました。
のこりは なんびきでしょうか？

しきにすると、

(さん)　(ひく)　(いち)　(は)　(に)
$$3 - 1 = 2$$

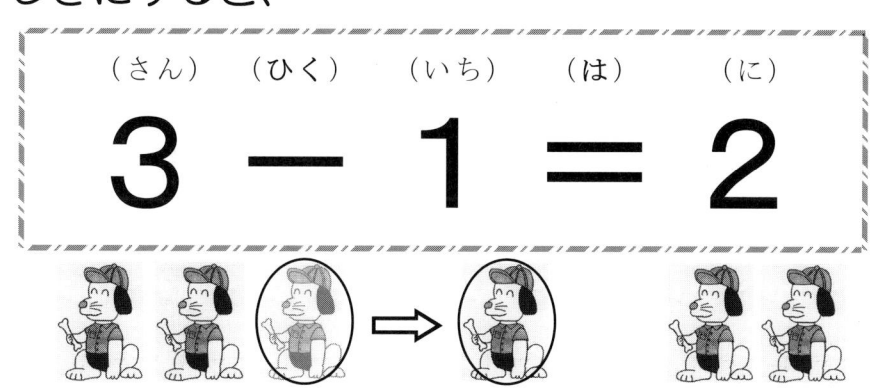

※このしきを「ひきざん」といいます。

もんだい いぬが 4ひきいました。1ぴきかえりました。
のこりは なんびきでしょうか？
しきとこたえを かいてください。

【しき】

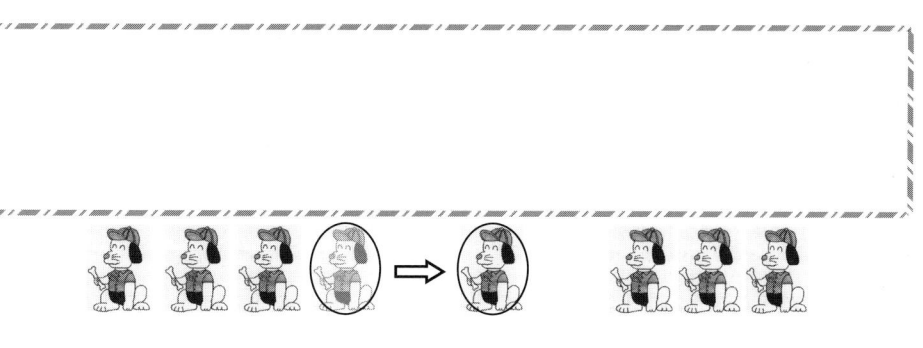

繰り下がりのないひき算

本能式計算　ひかれる数が５までのひき算（１）
なまえ（　　　　　　　　）

もんだい ひかれるかずとひくかずのタイルをみながら、こたえをかきましょう。

（ひかれるかず）（ひくかず）
$2 - 1 = 1$
（うしろから）

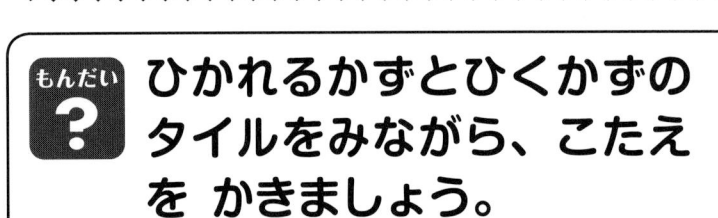

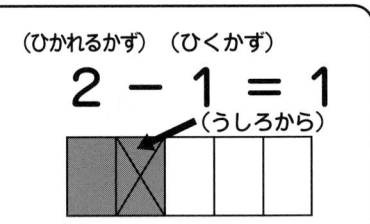

(1) $1 - 1 =$

(2) $2 - 1 =$

(3) $2 - 2 =$

(4) $3 - 1 =$

(5) $3 - 2 =$

(6) $3 - 3 =$

(7) $4 - 1 =$

(8) $4 - 2 =$

(9) $4 - 3 =$

(10) $4 - 4 =$

(11) $5 - 1 =$

(12) $5 - 2 =$

(13) $5 - 3 =$

(14) $5 - 4 =$

(15) $5 - 5 =$

(16) $1 - 0 =$

(17) $2 - 0 =$

(18) $3 - 0 =$

(19) $4 - 0 =$

(20) $5 - 0 =$

繰り下がりのないひき算

本能式計算　ひかれる数が5までのひき算（2）
なまえ（　　　　　　　　　）

もんだい ひかれるかずとひくかずのタイルをみながら、こたえを かきましょう。

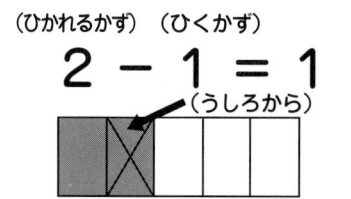

（ひかれるかず）（ひくかず）
2 − 1 = 1（うしろから）

(1) 1 − 1 =

(2) 4 − 2 =

(3) 3 − 0 =

(4) 5 − 1 =

(5) 3 − 2 =

(6) 5 − 4 =

(7) 5 − 0 =

(8) 3 − 3 =

(9) 3 − 1 =

(10) 4 − 0 =

(11) 5 − 2 =

(12) 2 − 2 =

(13) 1 − 1 =

(14) 4 − 1 =

(15) 5 − 5 =

(16) 4 − 3 =

(17) 4 − 0 =

(18) 5 − 3 =

(19) 4 − 4 =

(20) 2 − 1 =

本能式計算　ひかれる数が５までのひき算（３）

なまえ（　　　　　　　　　）

もんだい　ひくかずのことをかんがえ、こたえを かきましょう。

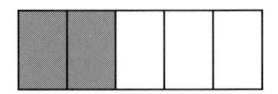

（ひかれるかず）（ひくかず）
２ － １ ＝ １

(1) 1 − 1 =

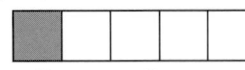

(2) 2 − 1 =

(3) 2 − 2 =

(4) 3 − 1 =

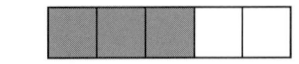

(5) 3 − 2 =

(6) 3 − 3 =

(7) 4 − 1 =

(8) 4 − 2 =

(9) 4 − 3 =

(10) 4 − 4 =

(11) 5 − 1 =

(12) 5 − 2 =

(13) 5 − 3 =

(14) 5 − 4 =

(15) 5 − 5 =

(16) 1 − 0 =

(17) 2 − 0 =

(18) 3 − 0 =

(19) 4 − 0 =

(20) 5 − 0 =

本能式計算　ひかれる数が５までのひき算（４）

なまえ（　　　　　　　　）

もんだい❓ ひくかずのことをかんがえ、こたえを かきましょう。

（ひかれるかず）（ひくかず）
$2 - 1 = 1$

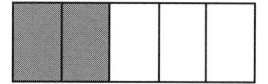

(1) $5 - 1 =$

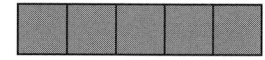

(2) $4 - 2 =$

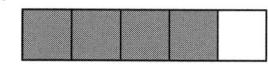

(3) $3 - 0 =$

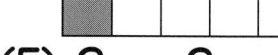

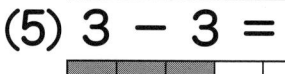

(4) $1 - 1 =$

(5) $3 - 3 =$

(6) $5 - 0 =$

(7) $5 - 4 =$

(8) $3 - 2 =$

(9) $1 - 0 =$

(10) $3 - 1 =$

(11) $5 - 3 =$

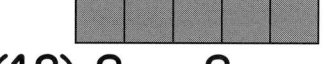

(12) $2 - 2 =$

(13) $2 - 0 =$

(14) $4 - 1 =$

(15) $5 - 5 =$

(16) $4 - 4 =$

(17) $4 - 0 =$

(18) $5 - 2 =$

(19) $4 - 3 =$

(20) $2 - 1 =$

本能式計算　ひかれる数が5までのひき算（5）

なまえ（　　　　　　　　　）

もんだい つぎの もんだいに こたえましょう。

$$2 - 1 = 1$$

(1) $4 - 1 =$

(2) $1 - 1 =$

(3) $5 - 0 =$

(4) $3 - 1 =$

(5) $5 - 4 =$

(6) $1 - 0 =$

(7) $5 - 2 =$

(8) $3 - 3 =$

(9) $3 - 2 =$

(10) $4 - 0 =$

(11) $2 - 2 =$

(12) $5 - 1 =$

(13) $3 - 0 =$

(14) $4 - 2 =$

(15) $5 - 3 =$

(16) $4 - 3 =$

(17) $2 - 0 =$

(18) $5 - 5 =$

(19) $4 - 4 =$

(20) $2 - 1 =$

本能式計算　ひかれる数が6のひき算（1）

なまえ（　　　　　　　　　　　）

もんだい ひかれるかずとひくかずのタイルをみながら、こたえを かきましょう。

（ひかれるかず）（ひくかず）　　　（ひかれるかず）（ひくかず）
① 6 − 1 = 5　　　② 6 − 5 = 1

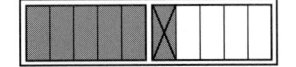

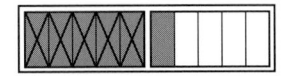

(1) 6 − 1 =

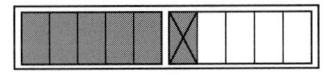

(2) 6 − 2 =

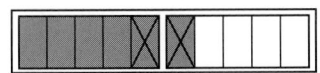

(3) 6 − 3 =

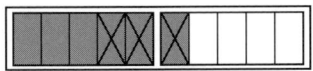

(4) 6 − 4 =

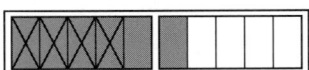

(5) 6 − 5 =

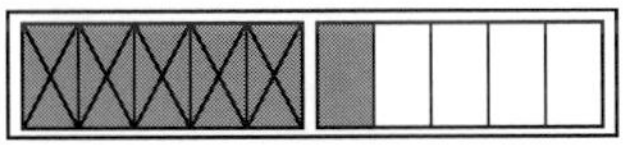

(6) 6 − 6 =

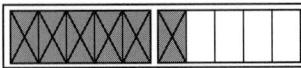

(7) 6 − 0 =

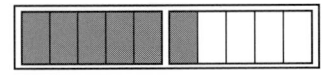

(8) 6 − 4 =

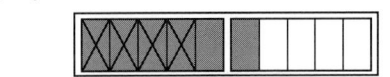

(9) 6 − 1 =

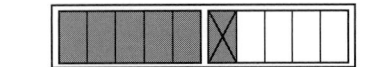

(10) 6 − 3 =

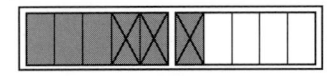

(11) 6 − 0 =

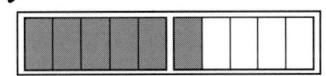

(12) 6 − 5 =

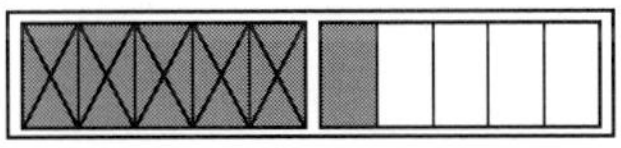

(13) 6 − 6 =

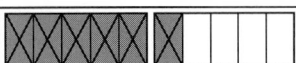

(14) 6 − 2 =

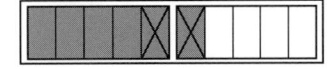

本能式計算　ひかれる数が6のひき算（2）

なまえ（　　　　　　　　　　　）

もんだい ひくかずのことをかんがえ、こたえを かきましょう。

（ひかれるかず）（ひくかず）
6 － 1 ＝ 5

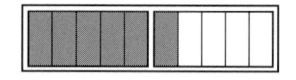

(1) 6 － 1 ＝

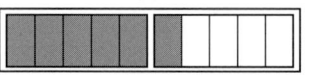

(2) 6 － 2 ＝

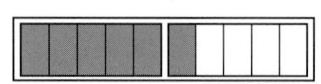

(3) 6 － 3 ＝

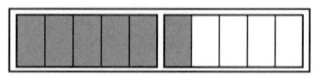

(4) 6 － 4 ＝

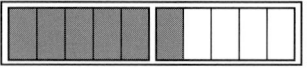

(5) 6 － 5 ＝

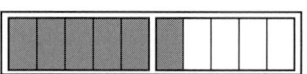

(6) 6 － 6 ＝

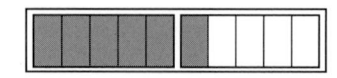

(7) 6 － 0 ＝

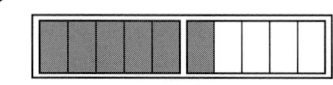

(8) 6 － 5 ＝

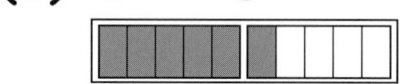

(9) 6 － 2 ＝

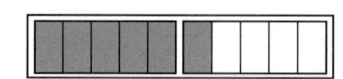

(10) 6 － 6 ＝

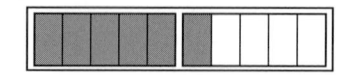

(11) 6 － 6 ＝

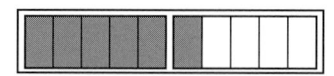

(12) 6 － 1 ＝

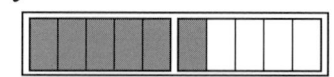

(13) 6 － 3 ＝

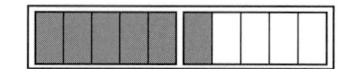

(14) 6 － 4 ＝

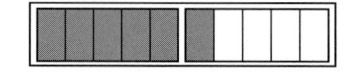

本能式計算　ひかれる数が６のひき算（３）

なまえ（　　　　　　　　　）

もんだい つぎの もんだいに こたえましょう。

$$6 - 1 = 5$$

(1) 6 － 1 ＝

(2) 6 － 2 ＝

(3) 6 － 3 ＝

(4) 6 － 4 ＝

(5) 6 － 5 ＝

(6) 6 － 6 ＝

(7) 6 － 0 ＝

(8) 6 － 4 ＝

(9) 6 － 1 ＝

(10) 6 － 3 ＝

(11) 6 － 0 ＝

(12) 6 － 5 ＝

(13) 6 － 6 ＝

(14) 6 － 2 ＝

本能式計算　ひかれる数が7のひき算（1）

なまえ（　　　　　　　　　　　）

もんだい ひかれるかずとひくかずのタイルをみながら、こたえを かきましょう。

① 7 − 1 = 6

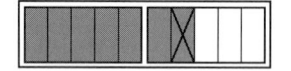

② 7 − 5 = 2

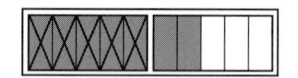

(1) 7 − 1 =

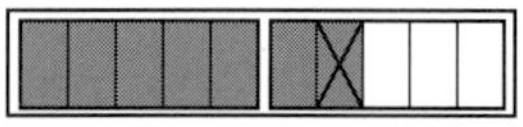

(2) 7 − 2 =

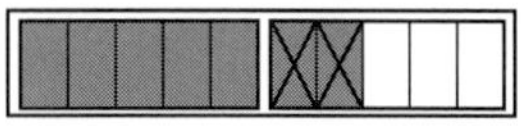

(3) 7 − 3 =

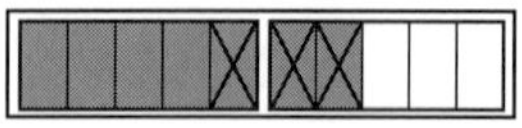

(4) 7 − 4 =

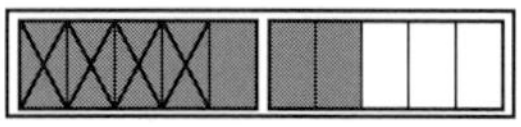

(5) 7 − 5 =

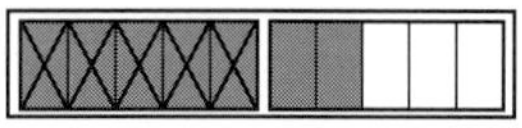

(6) 7 − 6 =

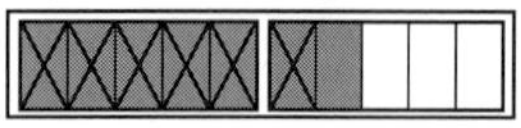

(7) 7 − 7 =

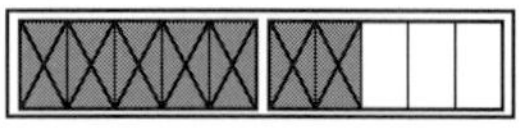

(8) 7 − 0 =

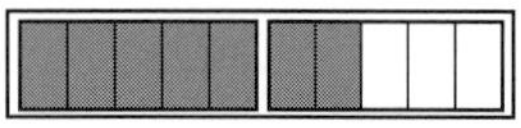

(9) 7 − 4 =

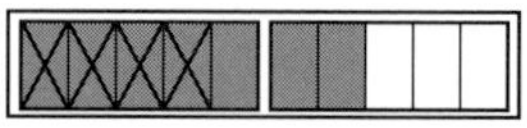

(10) 7 − 1 =

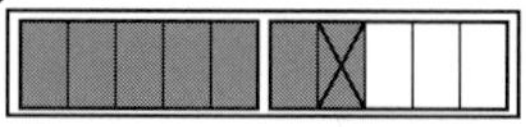

(11) 7 − 3 =

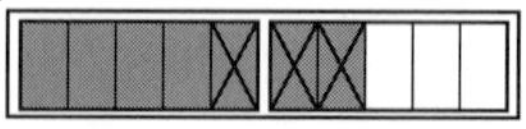

(12) 7 − 0 =

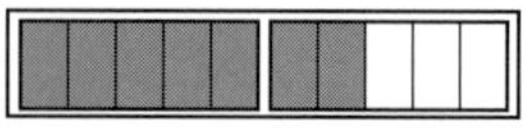

(13) 7 − 5 =

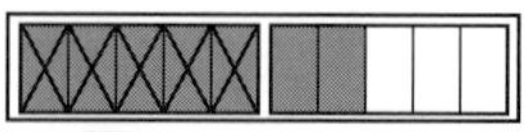

(14) 7 − 7 =

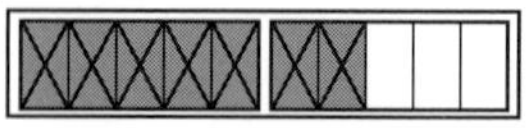

(15) 7 − 2 =

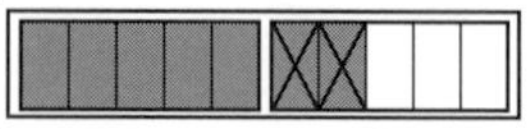

(16) 7 − 6 =

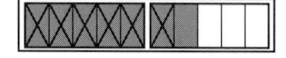

本能式計算　ひかれる数が7のひき算（2）

なまえ（　　　　　　　　　　）

もんだい ひくかずのことをかんがえ、こたえを かきましょう。

（ひかれるかず）（ひくかず）
7 － 5 ＝ 2

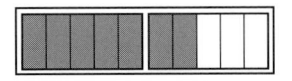

(1) 7 － 1 ＝

(2) 7 － 2 ＝

(3) 7 － 3 ＝

(4) 7 － 4 ＝

(5) 7 － 5 ＝

(6) 7 － 6 ＝

(7) 7 － 7 ＝

(8) 7 － 0 ＝

(9) 7 － 4 ＝

(10) 7 － 1 ＝

(11) 7 － 3 ＝

(12) 7 － 0 ＝

(13) 7 － 5 ＝

(14) 7 － 7 ＝

(15) 7 － 2 ＝

(16) 7 － 6 ＝

本能式計算　ひかれる数が７のひき算（３）

なまえ（　　　　　　　　　）

もんだい つぎのもんだいに こたえましょう。

$$7 - 5 = 2$$

(1) 7 − 1 =

(2) 7 − 2 =

(3) 7 − 3 =

(4) 7 − 4 =

(5) 7 − 5 =

(6) 7 − 6 =

(7) 7 − 7 =

(8) 7 − 0 =

(9) 7 − 4 =

(10) 7 − 1 =

(11) 7 − 3 =

(12) 7 − 0 =

(13) 7 − 5 =

(14) 7 − 7 =

(15) 7 − 2 =

(16) 7 − 6 =

本能式計算　ひかれる数が８のひき算（1-1）

なまえ（　　　　　　　　　　）

もんだい　ひかれるかずとひくかずのタイルをみながら、こたえを かきましょう。

① 8 − 1 = 7　　② 8 − 5 = 3

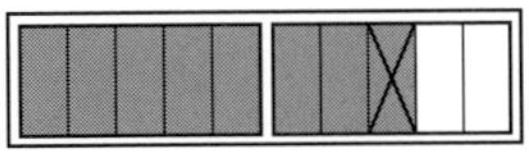

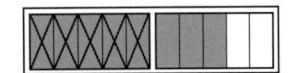

(1) 8 − 1 =

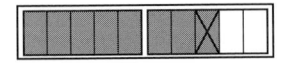

(2) 8 − 2 =

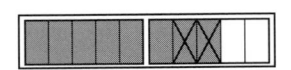

(3) 8 − 3 =

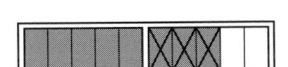

(4) 8 − 4 =

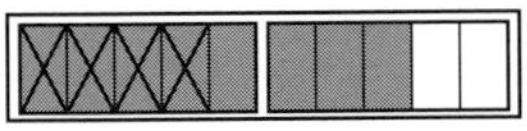

(5) 8 − 5 =

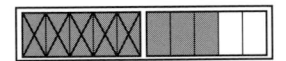

(6) 8 − 6 =

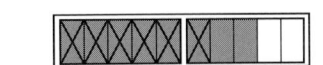

(7) 8 − 7 =

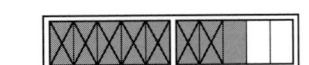

(8) 8 − 8 =

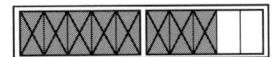

(9) 8 − 0 =

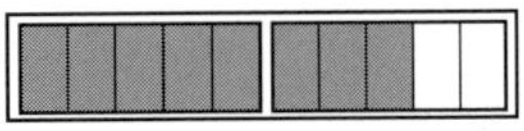

本能式計算　ひかれる数が8のひき算（1-2）

なまえ（　　　　　　　　　　）

もんだい ひかれるかずとひくかずのタイルをみながら、こたえを かきましょう。

① 8 － 1 ＝ 7

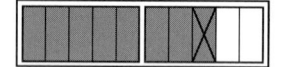

② 8 － 5 ＝ 3

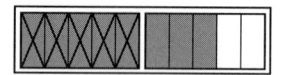

(1) 8 － 2 ＝

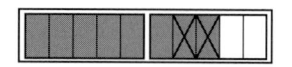

(2) 8 － 7 ＝

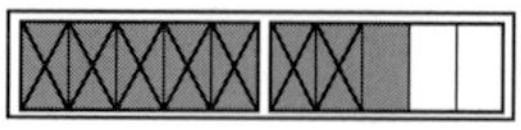

(3) 8 － 3 ＝

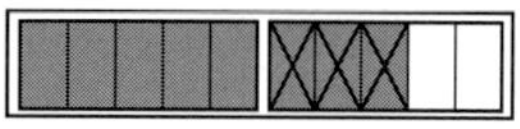

(4) 8 － 6 ＝

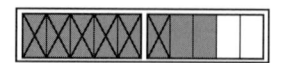

(5) 8 － 0 ＝

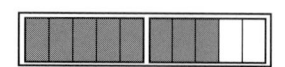

(6) 8 － 8 ＝

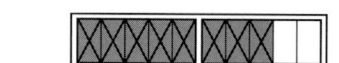

(7) 8 － 5 ＝

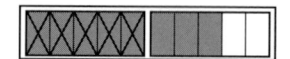

(8) 8 － 1 ＝

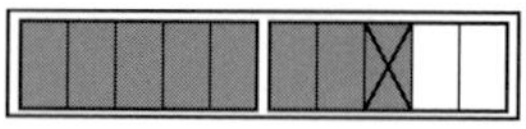

(9) 8 － 4 ＝

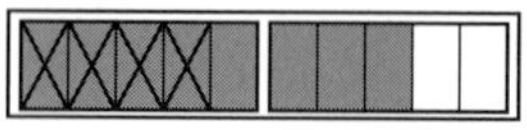

本能式計算　ひかれる数が8のひき算（2）

なまえ（　　　　　　　　　　）

もんだい ひくかずのことをかんがえ、こたえを かきましょう。
（ひかれるかず）（ひくかず）
8 － 1 ＝ 7

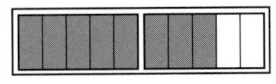

(1) 8 － 1 ＝

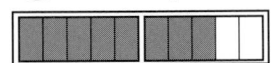

(2) 8 － 2 ＝

(3) 8 － 3 ＝

(4) 8 － 4 ＝

(5) 8 － 5 ＝

(6) 8 － 6 ＝

(7) 8 － 7 ＝

(8) 8 － 8 ＝

(9) 8 － 0 ＝

(10) 8 － 5 ＝

(11) 8 － 1 ＝

(12) 8 － 7 ＝

(13) 8 － 0 ＝

(14) 8 － 3 ＝

(15) 8 － 8 ＝

(16) 8 － 6 ＝

(17) 8 － 4 ＝

(18) 8 － 2 ＝

本能式計算 ひかれる数が8のひき算（3）

なまえ（　　　　　　　　　　）

もんだい つぎのもんだいに こたえましょう。

8 − 7 = 1

(1) 8 − 1 =

(2) 8 − 2 =

(3) 8 − 3 =

(4) 8 − 4 =

(5) 8 − 5 =

(6) 8 − 6 =

(7) 8 − 7 =

(8) 8 − 8 =

(9) 8 − 0 =

(10) 8 − 3 =

(11) 8 − 1 =

(12) 8 − 8 =

(13) 8 − 0 =

(14) 8 − 5 =

(15) 8 − 7 =

(16) 8 − 2 =

(17) 8 − 4 =

(18) 8 − 6 =

本能式計算　ひかれる数が9のひき算（1-1）

なまえ（　　　　　　　　　）

もんだい　ひかれるかずとひくかずのタイルをみながら、こたえを かきましょう。

（ひかれるかず）（ひくかず）　　（ひかれるかず）（ひくかず）
① 9 － 1 ＝ 8　　② 9 － 5 ＝ 4

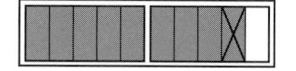

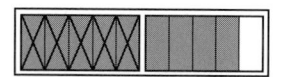

(1) 9 － 1 ＝

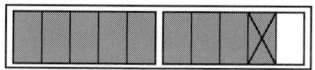

(2) 9 － 2 ＝

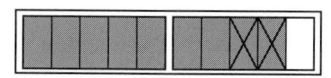

(3) 9 － 3 ＝

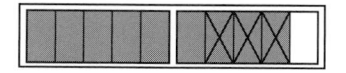

(4) 9 － 4 ＝

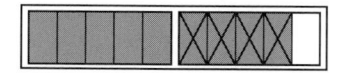

(5) 9 － 5 ＝

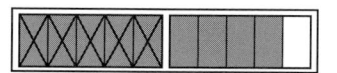

(6) 9 － 6 ＝

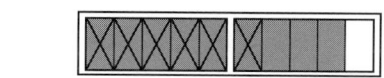

(7) 9 － 7 ＝

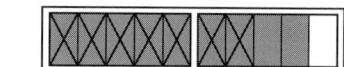

(8) 9 － 8 ＝

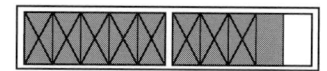

(9) 9 － 9 ＝

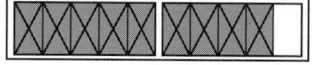

(10) 9 － 0 ＝

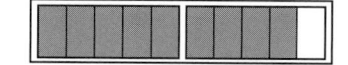

本能式計算 ひかれる数が9のひき算（1-2）

なまえ（　　　　　　　　　　）

もんだい ひかれるかずとひくかずのタイルをみながら、こたえを かきましょう。

（ひかれるかず）（ひくかず）　　　　（ひかれるかず）（ひくかず）
① 9 － 1 ＝ 8　　　　② 9 － 5 ＝ 4

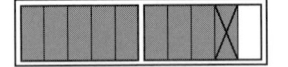

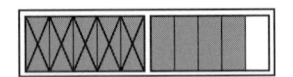

(1) 9 － 7 ＝

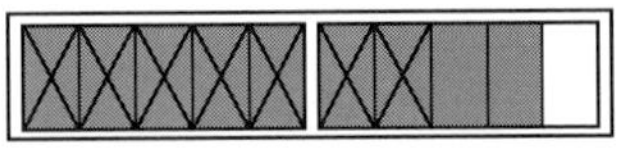

(2) 9 － 5 ＝

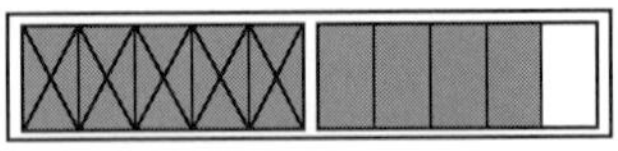

(3) 9 － 3 ＝

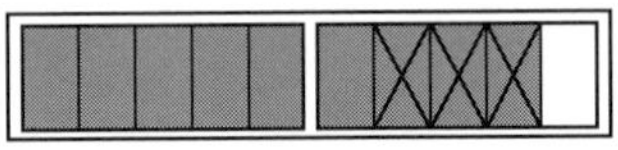

(4) 9 － 6 ＝

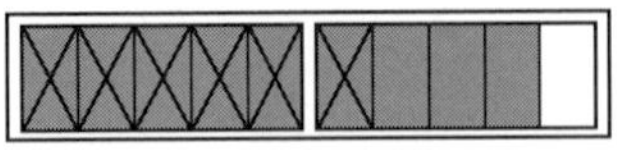

(5) 9 － 0 ＝

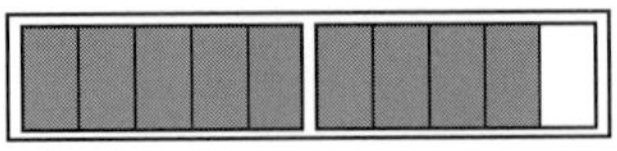

(6) 9 － 2 ＝

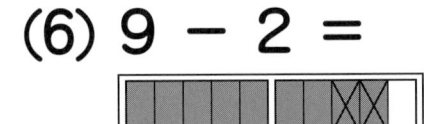

(7) 9 － 4 ＝

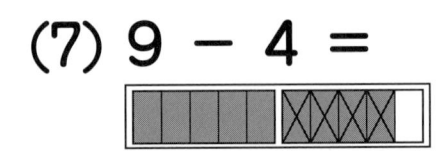

(8) 9 － 9 ＝

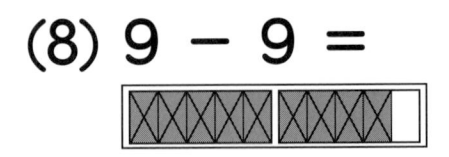

(9) 9 － 8 ＝

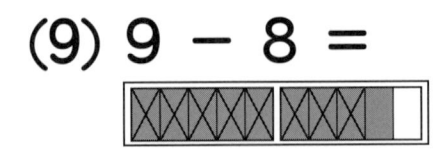

(10) 9 － 1 ＝

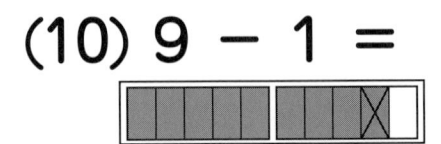

本能式計算　ひかれる数が9のひき算（2-1）

なまえ（　　　　　　　　）

もんだい　ひくかずのことをかんがえ、こたえを かきましょう。

（ひかれるかず）（ひくかず）
9 － 1 ＝ 8

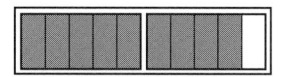

(1) 9 － 1 ＝

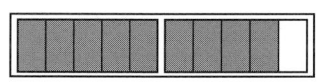

(2) 9 － 2 ＝

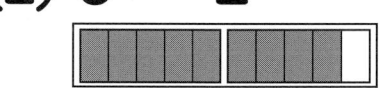

(3) 9 － 3 ＝

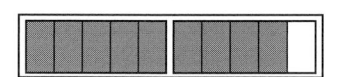

(4) 9 － 4 ＝

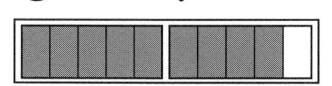

(5) 9 － 5 ＝

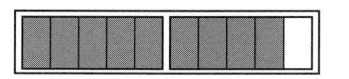

(6) 9 － 6 ＝

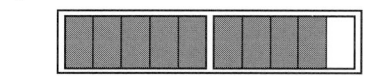

(7) 9 － 7 ＝

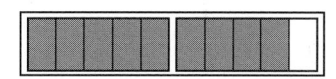

(8) 9 － 8 ＝

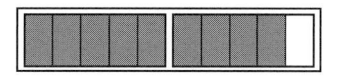

(9) 9 － 9 ＝

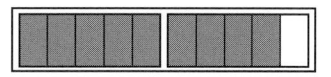

(10) 9 － 0 ＝

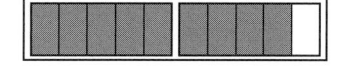

本能式計算　ひかれる数が９のひき算（2-2）

なまえ（　　　　　　　　　　）

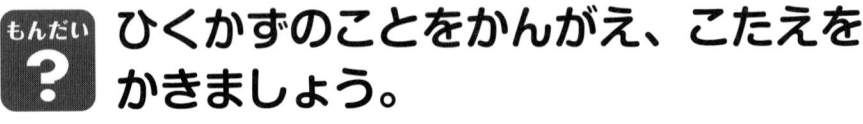

もんだい ひくかずのことをかんがえ、こたえを かきましょう。

（ひかれるかず）（ひくかず）
$$9 - 1 = 8$$

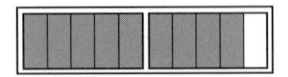

(1) 9 − 5 =

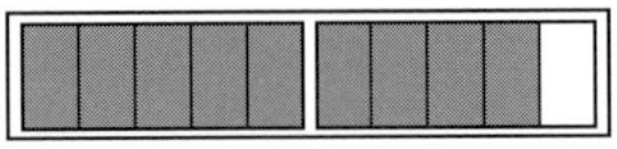

(2) 9 − 4 =

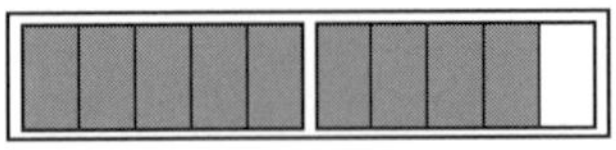

(3) 9 − 7 =

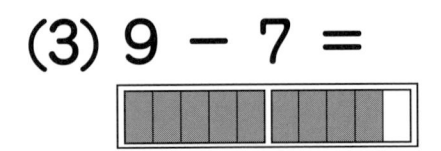

(4) 9 − 3 =

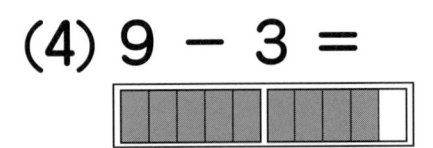

(5) 9 − 0 =

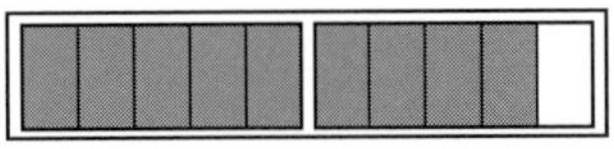

(6) 9 − 1 =

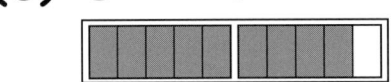

(7) 9 − 6 =

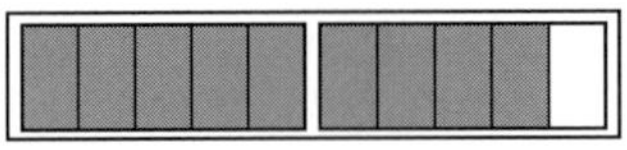

(8) 9 − 9 =

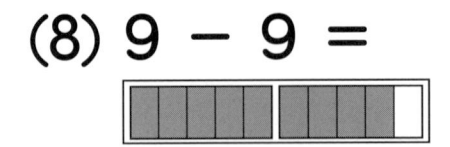

(9) 9 − 2 =

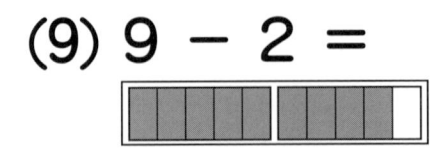

(10) 9 − 8 =

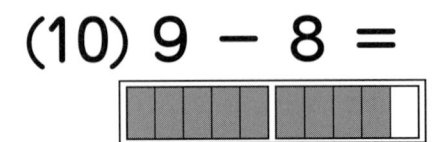

本能式計算　ひかれる数が９のひき算（３）

なまえ（　　　　　　　　　）

もんだい つぎの もんだいに こたえましょう。

$$9 - 5 = 4$$

(1) 9 － 1 ＝

(2) 9 － 2 ＝

(3) 9 － 3 ＝

(4) 9 － 4 ＝

(5) 9 － 5 ＝

(6) 9 － 6 ＝

(7) 9 － 7 ＝

(8) 9 － 8 ＝

(9) 9 － 9 ＝

(10) 9 － 0 ＝

(11) 9 － 5 ＝

(12) 9 － 1 ＝

(13) 9 － 8 ＝

(14) 9 － 3 ＝

(15) 9 － 0 ＝

(16) 9 － 7 ＝

(17) 9 － 2 ＝

(18) 9 － 4 ＝

(19) 9 － 9 ＝

(20) 9 － 6 ＝

本能式計算　ひかれる数が10のひき算（1-1）

なまえ（　　　　　　　　　　）

もんだい ひかれるかずとひくかずのタイルをみながら、こたえを かきましょう。

（ひかれるかず）（ひくかず）　　　　（ひかれるかず）（ひくかず）
① 10 － 1 ＝ 9　　　　② 10 － 6 ＝ 4

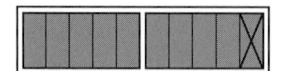

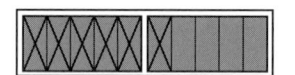

(1) 10 － 1 ＝

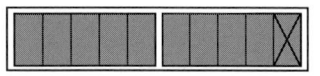

(2) 10 － 2 ＝

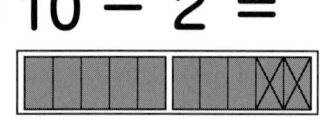

(3) 10 － 3 ＝

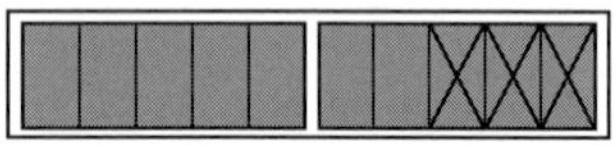

(4) 10 － 4 ＝

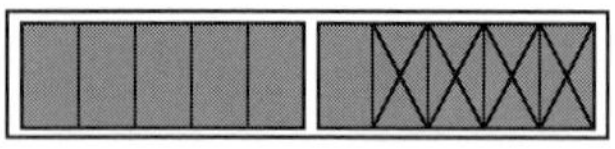

(5) 10 － 5 ＝

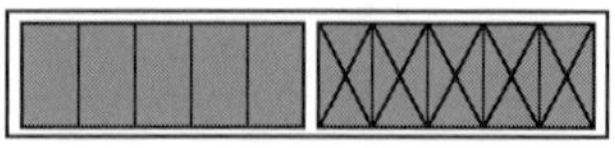

(6) 10 － 6 ＝

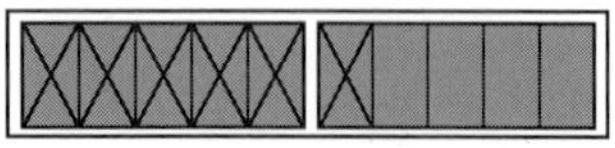

(7) 10 － 7 ＝

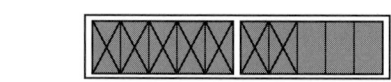

(8) 10 － 8 ＝

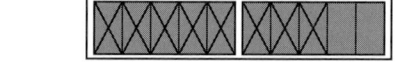

(9) 10 － 9 ＝

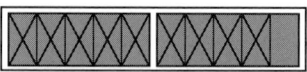

(10) 10 － 10 ＝

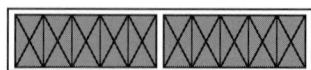

(11) 10 － 0 ＝

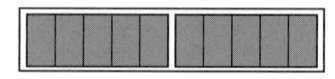

本能式計算　ひかれる数が10のひき算（1-2）

なまえ（　　　　　　　　　　）

もんだい ひかれるかずとひくかずのタイルをみながら、こたえを かきましょう。

(ひかれるかず) (ひくかず)　　　　(ひかれるかず) (ひくかず)
① 10 − 1 = 9　　② 10 − 6 = 4

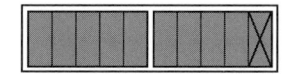

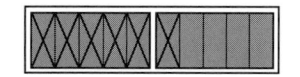

(1) 10 − 9 =

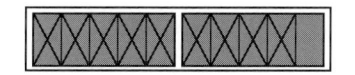

(2) 10 − 6 =

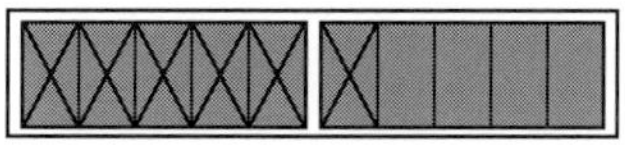

(3) 10 − 10 =

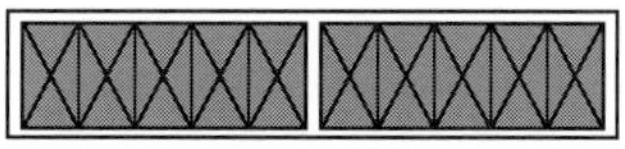

(4) 10 − 4 =

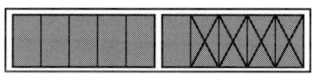

(5) 10 − 7 =

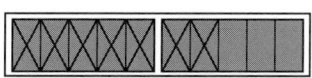

(6) 10 − 0 =

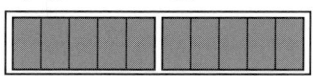

(7) 10 − 2 =

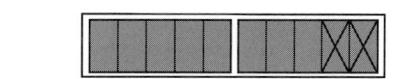

(8) 10 − 5 =

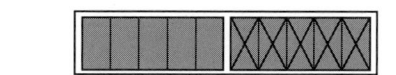

(9) 10 − 8 =

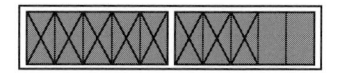

(10) 10 − 1 =

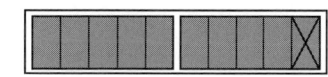

(11) 10 − 3 =

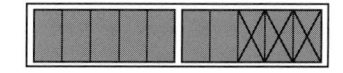

本能式計算　ひかれる数が10のひき算（2-1）

なまえ（　　　　　　　　　　）

もんだい ひくかずのことをかんがえ、こたえをかきましょう。

(ひかれるかず)　(ひくかず)
10 － 1 ＝ 9

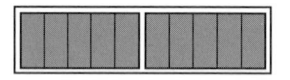

(1) 10 － 1 ＝

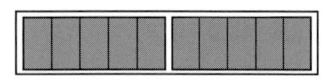

(2) 10 － 2 ＝

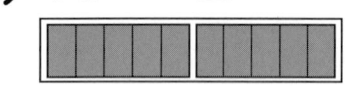

(3) 10 － 3 ＝

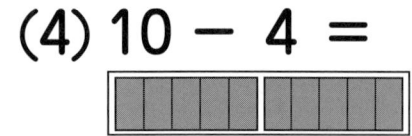

(4) 10 － 4 ＝

(5) 10 － 5 ＝

(6) 10 － 6 ＝

(7) 10 － 7 ＝

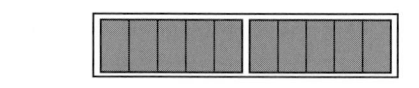

(8) 10 － 8 ＝

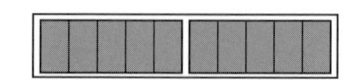

(9) 10 － 9 ＝

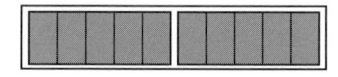

(10) 10 － 10 ＝

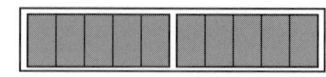

(11) 10 － 0 ＝

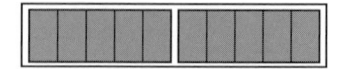

7 ひき算の意味

本能式計算　ひかれる数が10のひき算（2-2）

なまえ（　　　　　　　　　　）

もんだい ひくかずのことをかんがえ、こたえをかきましょう。

（ひかれるかず）（ひくかず）
10 － 1 ＝ 9

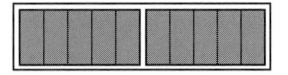

(1) 10 － 3 ＝

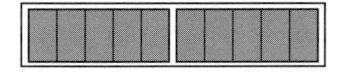

(2) 10 － 8 ＝

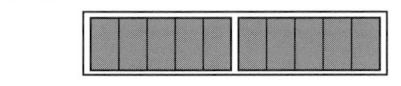

(3) 10 － 1 ＝

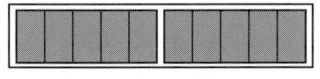

(4) 10 － 4 ＝

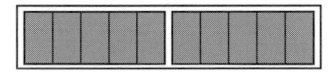

(5) 10 － 9 ＝

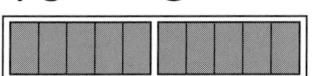

(6) 10 － 0 ＝

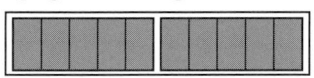

(7) 10 － 7 ＝

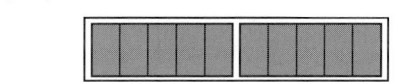

(8) 10 － 10 ＝

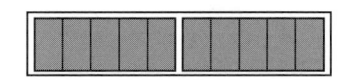

(9) 10 － 6 ＝

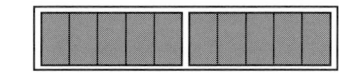

(10) 10 － 2 ＝

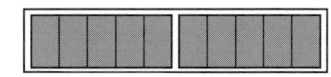

(11) 10 － 5 ＝

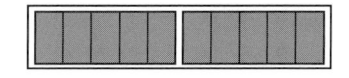

本能式計算　ひかれる数が10のひき算（3）

なまえ（　　　　　　　　　　）

もんだい　つぎのもんだいに こたえましょう。

10 − 7 = 3

(1) 10 − 1 =

(2) 10 − 2 =

(3) 10 − 3 =

(4) 10 − 4 =

(5) 10 − 5 =

(6) 10 − 6 =

(7) 10 − 7 =

(8) 10 − 8 =

(9) 10 − 9 =

(10) 10 − 10 =

(11) 10 − 0 =

(12) 10 − 3 =

(13) 10 − 1 =

(14) 10 − 8 =

(15) 10 − 5 =

(16) 10 − 7 =

(17) 10 − 0 =

(18) 10 − 2 =

(19) 10 − 4 =

(20) 10 − 9 =

(21) 10 − 10 =

(22) 10 − 6 =

本能式計算　1けた－1けた　まとめ1

なまえ（　　　　　　　　　　）

もんだい つぎの もんだいに こたえましょう。

9 − 5 = 4

(1) 2 − 1 =

(2) 6 − 4 =

(3) 8 − 1 =

(4) 7 − 4 =

(5) 4 − 2 =

(6) 10 − 8 =

(7) 9 − 4 =

(8) 5 − 5 =

(9) 10 − 6 =

(10) 2 − 0 =

(11) 5 − 2 =

(12) 9 − 1 =

(13) 4 − 0 =

(14) 8 − 7 =

(15) 3 − 2 =

(16) 10 − 3 =

(17) 9 − 9 =

(18) 7 − 0 =

(19) 6 − 1 =

(20) 7 − 7 =

(21) 9 − 6 =

本能式計算　1けた－1けた　まとめ２

なまえ（　　　　　　　　）

もんだい つぎの もんだいに こたえましょう。

$$6 - 2 = 4$$

(1) 4 − 3 =

(2) 10 − 1 =

(3) 9 − 2 =

(4) 6 − 5 =

(5) 3 − 3 =

(6) 7 − 5 =

(7) 8 − 7 =

(8) 7 − 1 =

(9) 10 − 6 =

(10) 1 − 0 =

(11) 2 − 2 =

(12) 9 − 7 =

(13) 10 − 4 =

(14) 10 − 0 =

(15) 8 − 2 =

(16) 8 − 8 =

(17) 9 − 5 =

(18) 10 − 9 =

(19) 5 − 3 =

(20) 5 − 0 =

(21) 8 − 5 =

本能式計算　1けた－1けた　まとめ3

なまえ（　　　　　　　　　　）

もんだい つぎの もんだいに こたえましょう。

7 － 4 ＝ 3

(1) 5 － 4 ＝

(2) 3 － 1 ＝

(3) 6 － 6 ＝

(4) 10 － 7 ＝

(5) 4 － 4 ＝

(6) 8 － 0 ＝

(7) 7 － 6 ＝

(8) 9 － 5 ＝

(9) 8 － 6 ＝

(10) 10 － 5 ＝

(11) 3 － 0 ＝

(12) 5 － 1 ＝

(13) 9 － 3 ＝

(14) 6 － 0 ＝

(15) 6 － 5 ＝

(16) 9 － 8 ＝

(17) 8 － 3 ＝

(18) 10 － 2 ＝

(19) 9 － 0 ＝

(20) 4 － 1 ＝

(21) 7 － 2 ＝

(22) 10 － 10 ＝

ワニマス計算　ひかれる数が5までのひき算

なまえ（　　　　　　　　　　）

ワニレベル1

もんだい？

ワニのおなかに
けいさんのこたえを
かきましょう。

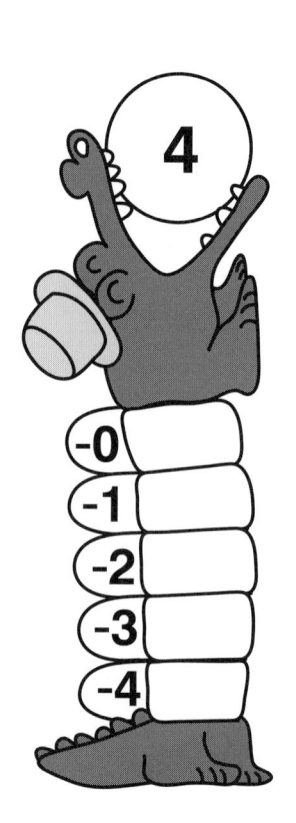

3
- -0 ← (3-0)
- -1 ← (3-1)
- -2 ← (3-2)
- -3 ← (3-3)

1
- -0
- -1
- -2

2
- -0
- -1
- -2

4
- -0
- -1
- -2
- -3
- -4

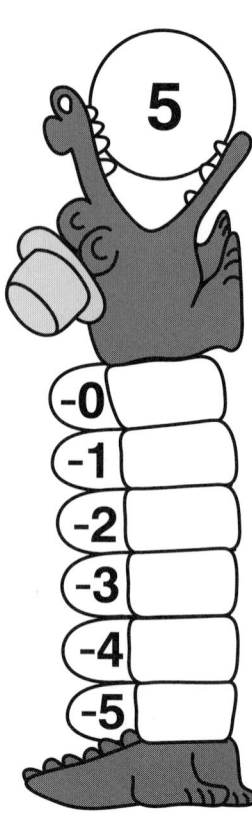

5
- -0
- -1
- -2
- -3
- -4
- -5

ワニマス計算　ひかれる数が5までのひき算

なまえ（　　　　　　　　）

ワニレベル2

もんだい

ワニのおなかに
けいさんのこたえを
かきましょう。

4
- -3 ← (4-3)
- -1 ← (4-1)
- -0 ← (4-0)
- -4 ← (4-4)
- -2 ← (4-2)

1
- -0
- -1

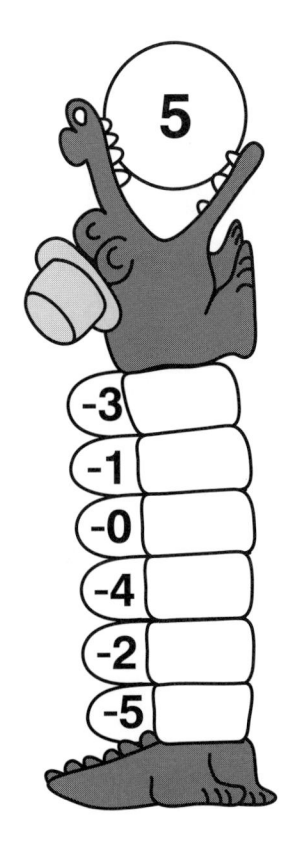

5
- -3
- -1
- -0
- -4
- -2
- -5

3
- -1
- -0
- -3
- -2

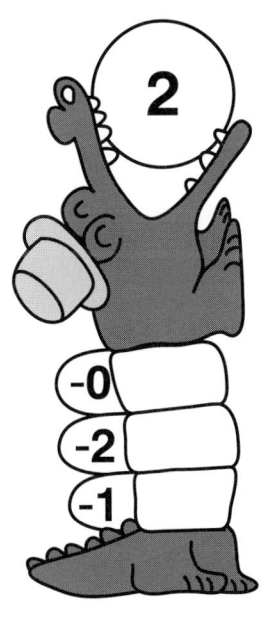

2
- -0
- -2
- -1

ワニマス計算　ひかれる数が6のひき算

なまえ（　　　　　　　　　　　）

ワニレベル3

もんだい
ワニのおなかにけいさんのこたえをかきましょう。

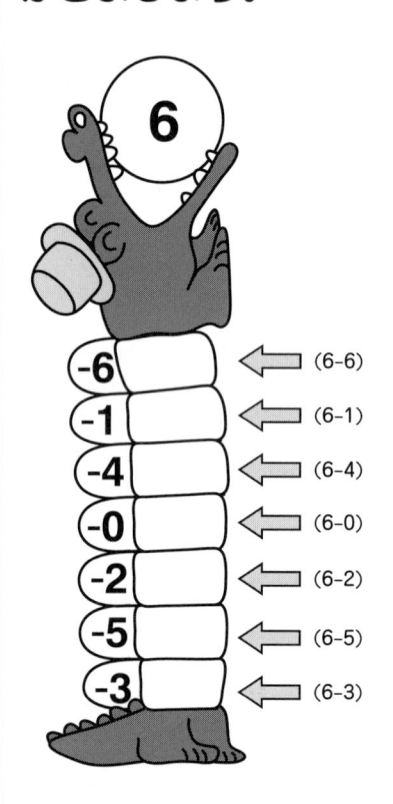

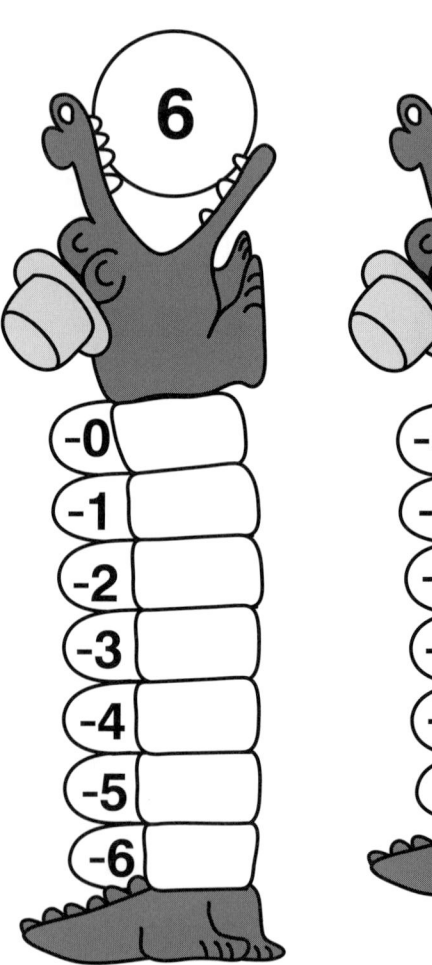

6
- -6 ← (6-6)
- -1 ← (6-1)
- -4 ← (6-4)
- -0 ← (6-0)
- -2 ← (6-2)
- -5 ← (6-5)
- -3 ← (6-3)

6
- -0
- -1
- -2
- -3
- -4
- -5
- -6

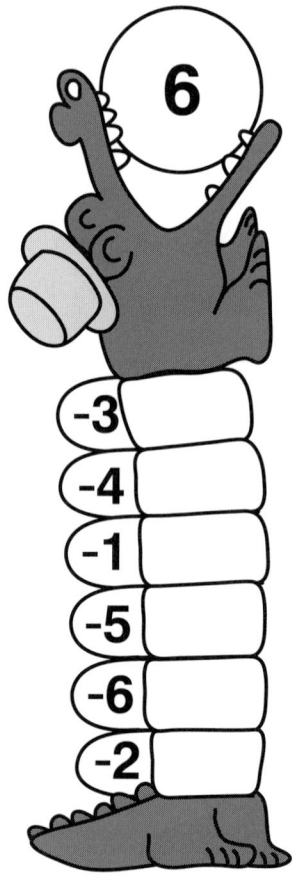

6
- -3
- -4
- -1
- -5
- -6
- -2

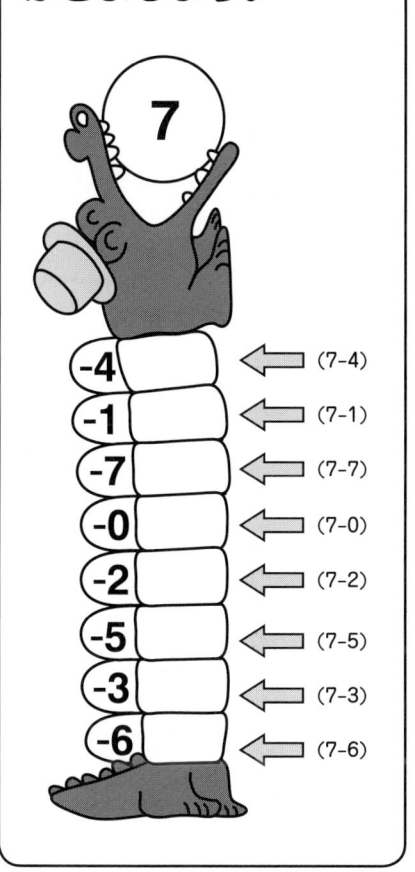

ワニマス計算　ひかれる数が7のひき算

なまえ（　　　　　　　　　　　）

ワニレベル4

もんだい

ワニのおなかに
けいさんのこたえを
かきましょう。

7
- -4 ← (7-4)
- -1 ← (7-1)
- -7 ← (7-7)
- -0 ← (7-0)
- -2 ← (7-2)
- -5 ← (7-5)
- -3 ← (7-3)
- -6 ← (7-6)

7
- -0
- -1
- -2
- -3
- -4
- -5
- -6
- -7

7
- -5
- -7
- -1
- -6
- -0
- -2
- -4
- -3

ワニマス計算　ひかれる数が8のひき算

なまえ（　　　　　　　　　）

ワニレベル5

もんだい
ワニのおなかに
けいさんのこたえを
かきましょう。

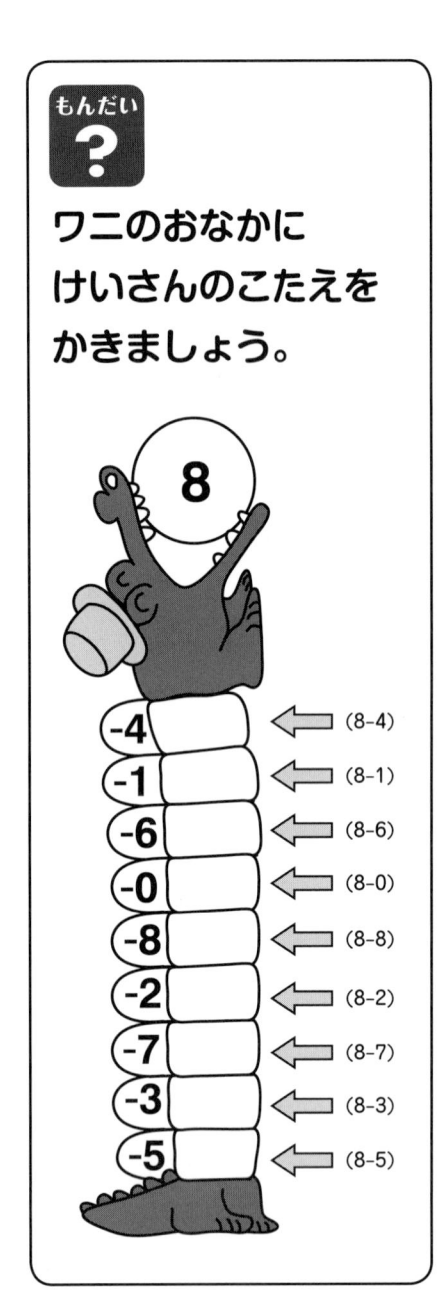

8
- -4　← (8-4)
- -1　← (8-1)
- -6　← (8-6)
- -0　← (8-0)
- -8　← (8-8)
- -2　← (8-2)
- -7　← (8-7)
- -3　← (8-3)
- -5　← (8-5)

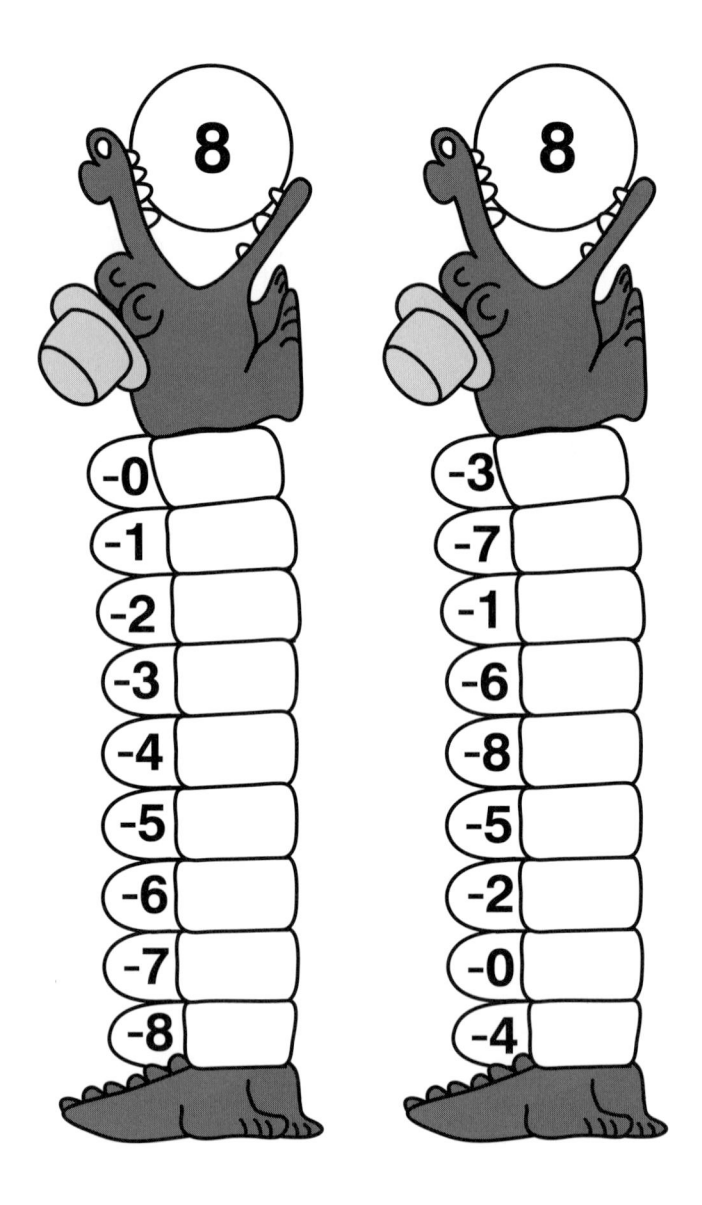

8
- -0
- -1
- -2
- -3
- -4
- -5
- -6
- -7
- -8

8
- -3
- -7
- -1
- -6
- -8
- -5
- -2
- -0
- -4

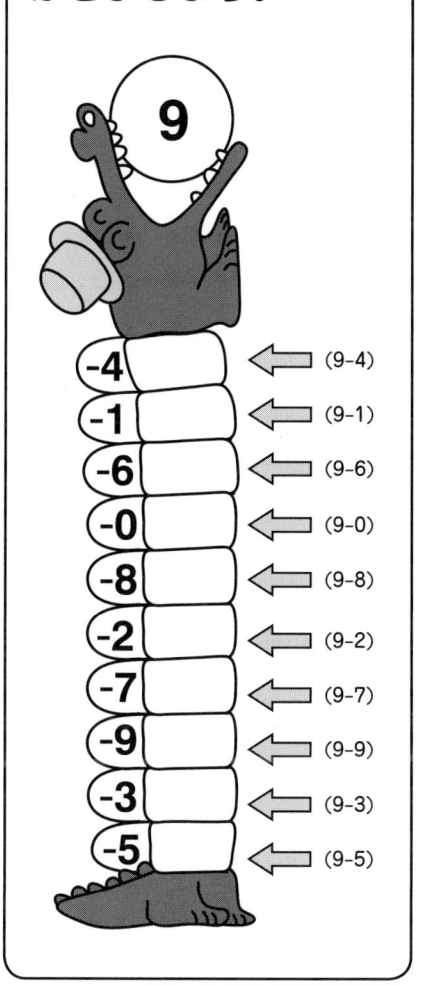

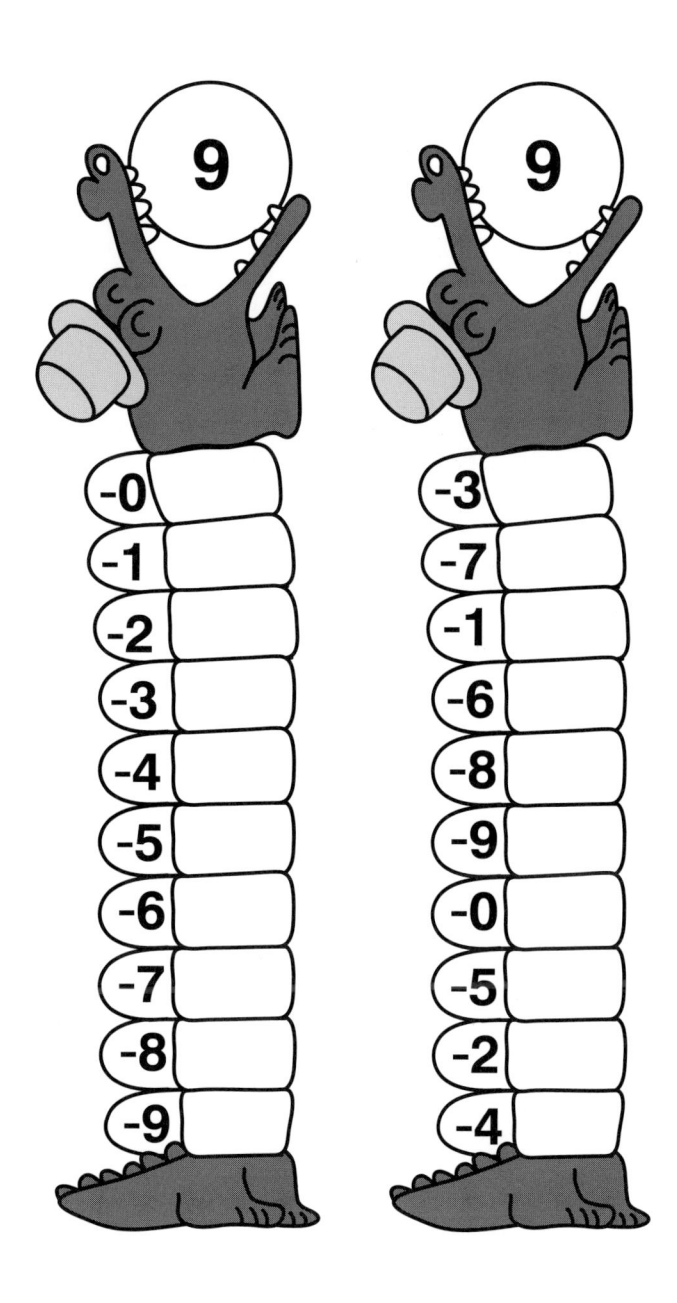

# ワニマス計算　ひかれる数が9のひき算

なまえ（　　　　　　　　　）

ワニレベル6

もんだい
ワニのおなかにけいさんのこたえをかきましょう。

9
- -4 ← (9-4)
- -1 ← (9-1)
- -6 ← (9-6)
- -0 ← (9-0)
- -8 ← (9-8)
- -2 ← (9-2)
- -7 ← (9-7)
- -9 ← (9-9)
- -3 ← (9-3)
- -5 ← (9-5)

9
- -0
- -1
- -2
- -3
- -4
- -5
- -6
- -7
- -8
- -9

9
- -3
- -7
- -1
- -6
- -8
- -9
- -0
- -5
- -2
- -4

ワニマス計算　ひかれる数が10のひき算

なまえ（　　　　　　　　　　）

ワニレベル7

もんだい？

ワニのおなかにけいさんのこたえをかきましょう。

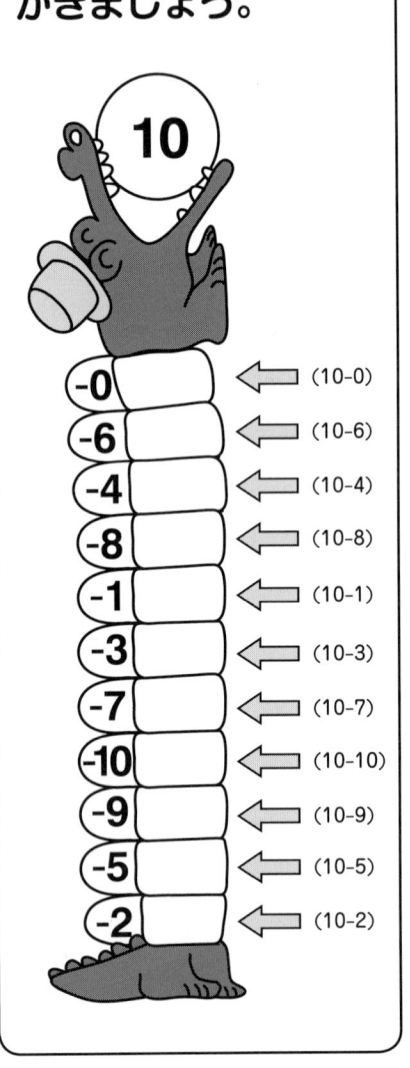

例の列（10）:
- -0 ← (10-0)
- -6 ← (10-6)
- -4 ← (10-4)
- -8 ← (10-8)
- -1 ← (10-1)
- -3 ← (10-3)
- -7 ← (10-7)
- -10 ← (10-10)
- -9 ← (10-9)
- -5 ← (10-5)
- -2 ← (10-2)

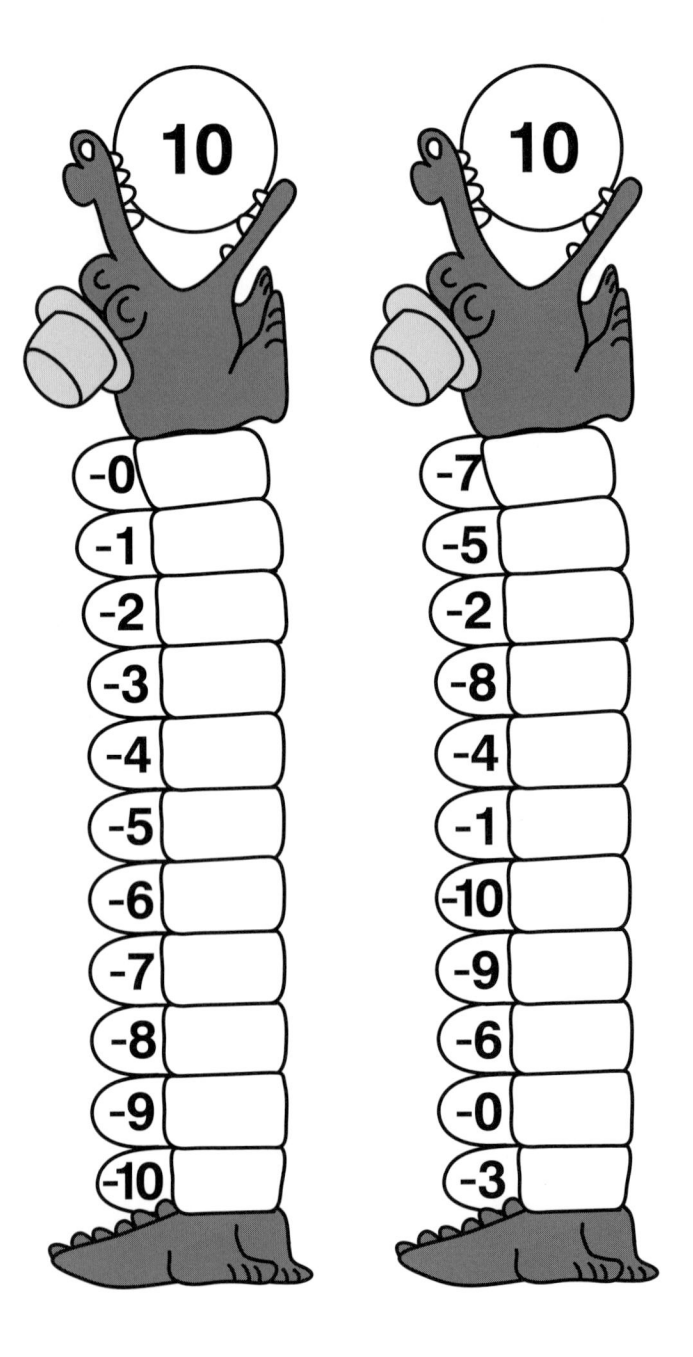

2列目（10）:
-0, -1, -2, -3, -4, -5, -6, -7, -8, -9, -10

3列目（10）:
-7, -5, -2, -8, -4, -1, -10, -9, -6, -0, -3

ワニマス計算　繰り下がりのないひき算　まとめ1

なまえ（　　　　　　　　　　　　）

ワニレベル8

1
- −1
- −0

5
- −3
- −1
- −0
- −5
- −2
- −4

4
- −3
- −2
- −4
- −0
- −1

6
- −3
- −4
- −0
- −1
- −5
- −6
- −2

2
- −2
- −0
- −1

3
- −2
- −1
- −0
- −3

ワニマス計算　繰り下がりのないひき算　まとめ２

なまえ（　　　　　　　　　）　ワニレベル9

7
- -6
- -3
- -4
- -0
- -7
- -1
- -5
- -2

8
- -4
- -0
- -1
- -6
- -8
- -2
- -7
- -3
- -5

9
- -2
- -3
- -7
- -5
- -1
- -9
- -0
- -8
- -4
- -6

10
- -6
- -4
- -8
- -0
- -1
- -3
- -7
- -10
- -9
- -5
- -2

8　いくつといくつ

【どんなとき、つかうのかな？】

　「いくつといくつ」は、2から10までの数がどのようにできているか、また「くりあがりのあるたし算」のときに、つかいます。

　たとえば、「9＋3＝？」でせつめいします。

①9を10にするには、1がひつようです。

②3を1と2にわけます。（3は1と2）

③9＋1＝10（9に②でわけた1をたす）

④10＋2＝12（③のこたえに②でわけて③でつかっていない2をたす）

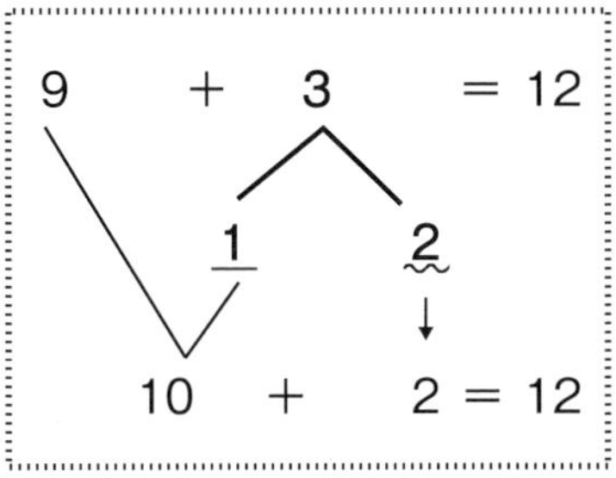

```
9   +   3   = 12
 \     / \
  \   /   \
   1     2
         ↓
  10  +  2  = 12
```

「いくつといくつ」はやおぼえ表

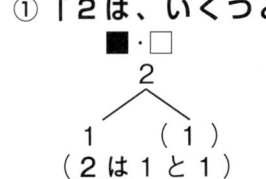

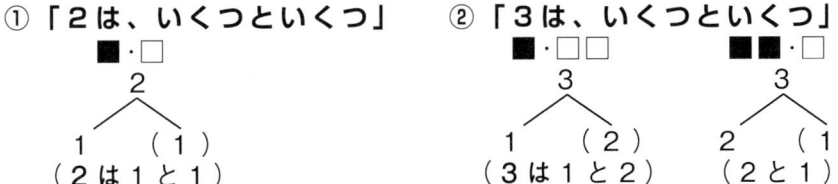

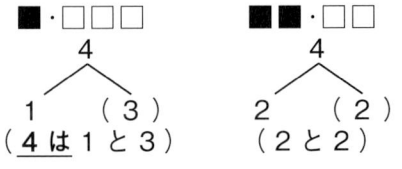

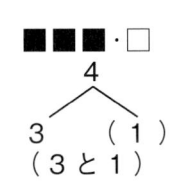

【つかいかた】「4は、いくつといくつ」のばあい。

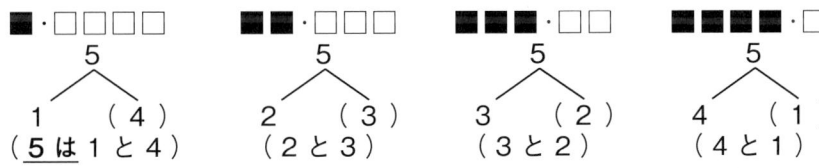

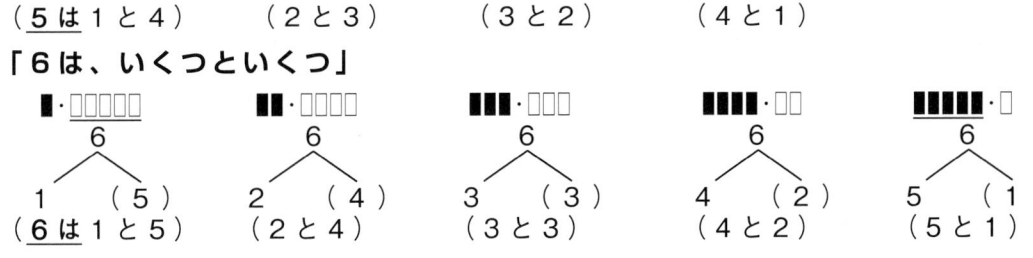

「4は、1と3、2と2、3と1」と、こえにだしていってみましょう。

① 「2は、いくつといくつ」

■・□
　2
1　（1）
（2は1と1）

② 「3は、いくつといくつ」

■・□□　　　■■・□
　3　　　　　　3
1　（2）　　2　（1）
（3は1と2）　（2と1）

③ 「4は、いくつといくつ」

■・□□□　　■■・□□　　■■■・□
　4　　　　　　4　　　　　　4
1　（3）　　2　（2）　　3　（1）
（4は1と3）　（2と2）　　（3と1）

④ 「5は、いくつといくつ」

■・□□□□　■■・□□□　■■■・□□　■■■■・□
　5　　　　　　5　　　　　　5　　　　　　5
1　（4）　　2　（3）　　3　（2）　　4　（1）
（5は1と4）　（2と3）　　（3と2）　　（4と1）

⑤ 「6は、いくつといくつ」

■・□□□□□　■■・□□□□　■■■・□□□　■■■■・□□　■■■■■・□
　6　　　　　　6　　　　　　6　　　　　　6　　　　　　6
1　（5）　　2　（4）　　3　（3）　　4　（2）　　5　（1）
（6は1と5）　（2と4）　　（3と3）　　（4と2）　　（5と1）

⑥「7は、いくつといくつ」

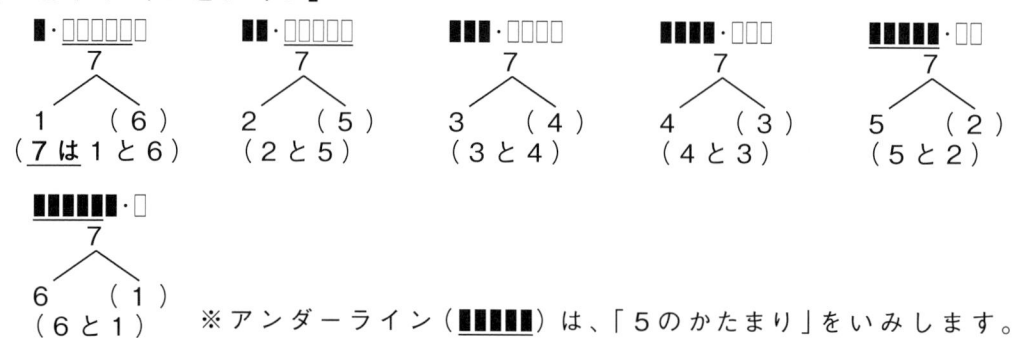

　　　7　　　　　　7　　　　　　7　　　　　　7　　　　　　7
　　／＼　　　　／＼　　　　／＼　　　　／＼　　　　／＼
　　1　（6）　　　2　（5）　　　3　（4）　　　4　（3）　　　5　（2）
　（7は1と6）　　（2と5）　　（3と4）　　（4と3）　　（5と2）

　　　7
　　／＼
　　6　（1）
　（6と1）　　※アンダーライン（■■■■■）は、「5のかたまり」をいみします。

⑦「8は、いくつといくつ」

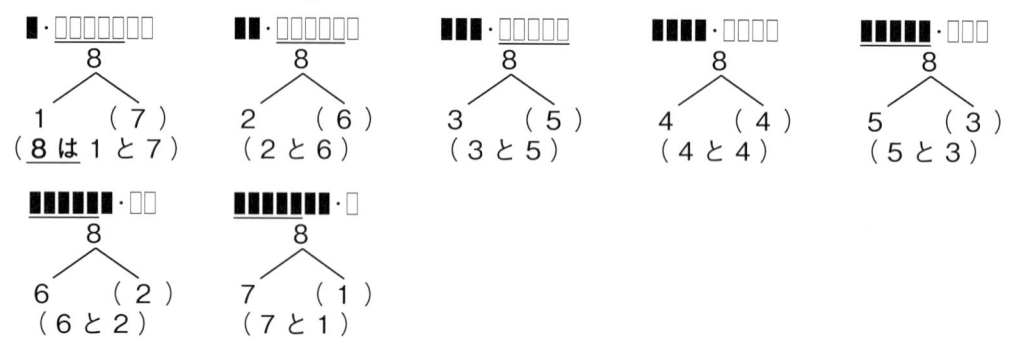

　　　8　　　　　　8　　　　　　8　　　　　　8　　　　　　8
　　／＼　　　　／＼　　　　／＼　　　　／＼　　　　／＼
　　1　（7）　　　2　（6）　　　3　（5）　　　4　（4）　　　5　（3）
　（8は1と7）　　（2と6）　　（3と5）　　（4と4）　　（5と3）

　　　8　　　　　　8
　　／＼　　　　／＼
　　6　（2）　　　7　（1）
　（6と2）　　（7と1）

⑧「9は、いくつといくつ」

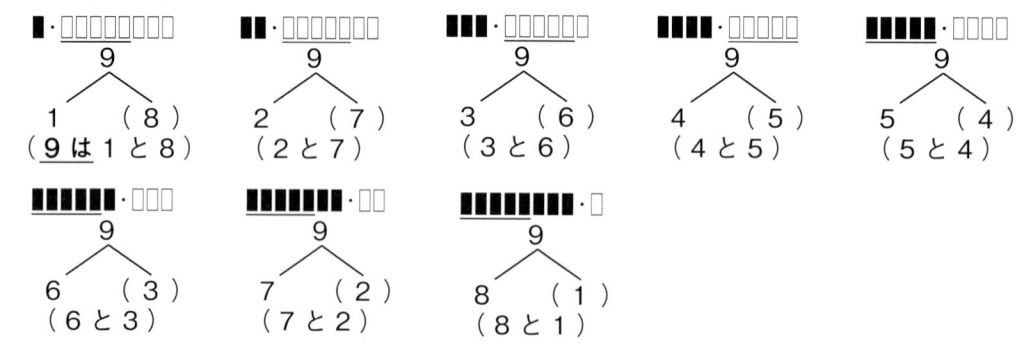

　　　9　　　　　　9　　　　　　9　　　　　　9　　　　　　9
　　／＼　　　　／＼　　　　／＼　　　　／＼　　　　／＼
　　1　（8）　　　2　（7）　　　3　（6）　　　4　（5）　　　5　（4）
　（9は1と8）　　（2と7）　　（3と6）　　（4と5）　　（5と4）

　　　9　　　　　　9　　　　　　9
　　／＼　　　　／＼　　　　／＼
　　6　（3）　　　7　（2）　　　8　（1）
　（6と3）　　（7と2）　　（8と1）

⑨「10は、いくつといくつ」

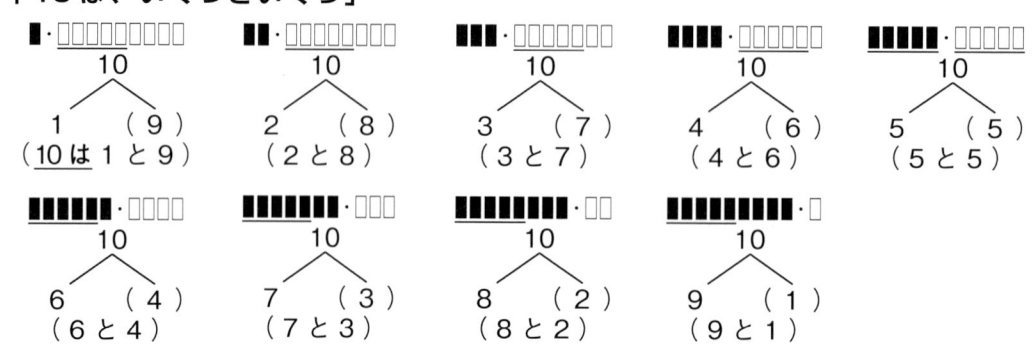

　　　10　　　　　10　　　　　10　　　　　10　　　　　10
　　／＼　　　　／＼　　　　／＼　　　　／＼　　　　／＼
　　1　（9）　　　2　（8）　　　3　（7）　　　4　（6）　　　5　（5）
　（10は1と9）　　（2と8）　　（3と7）　　（4と6）　　（5と5）

　　　10　　　　　10　　　　　10　　　　　10
　　／＼　　　　／＼　　　　／＼　　　　／＼
　　6　（4）　　　7　（3）　　　8　（2）　　　9　（1）
　（6と4）　　（7と3）　　（8と2）　　（9と1）

※タイルについたアンダーラインは、5のかたまりを表しています。

8 いくつといくつ

> **もんだい** つぎのもんだいを こえにだしてよんだり、（ ）にすうじを かきこんだりしましょう。

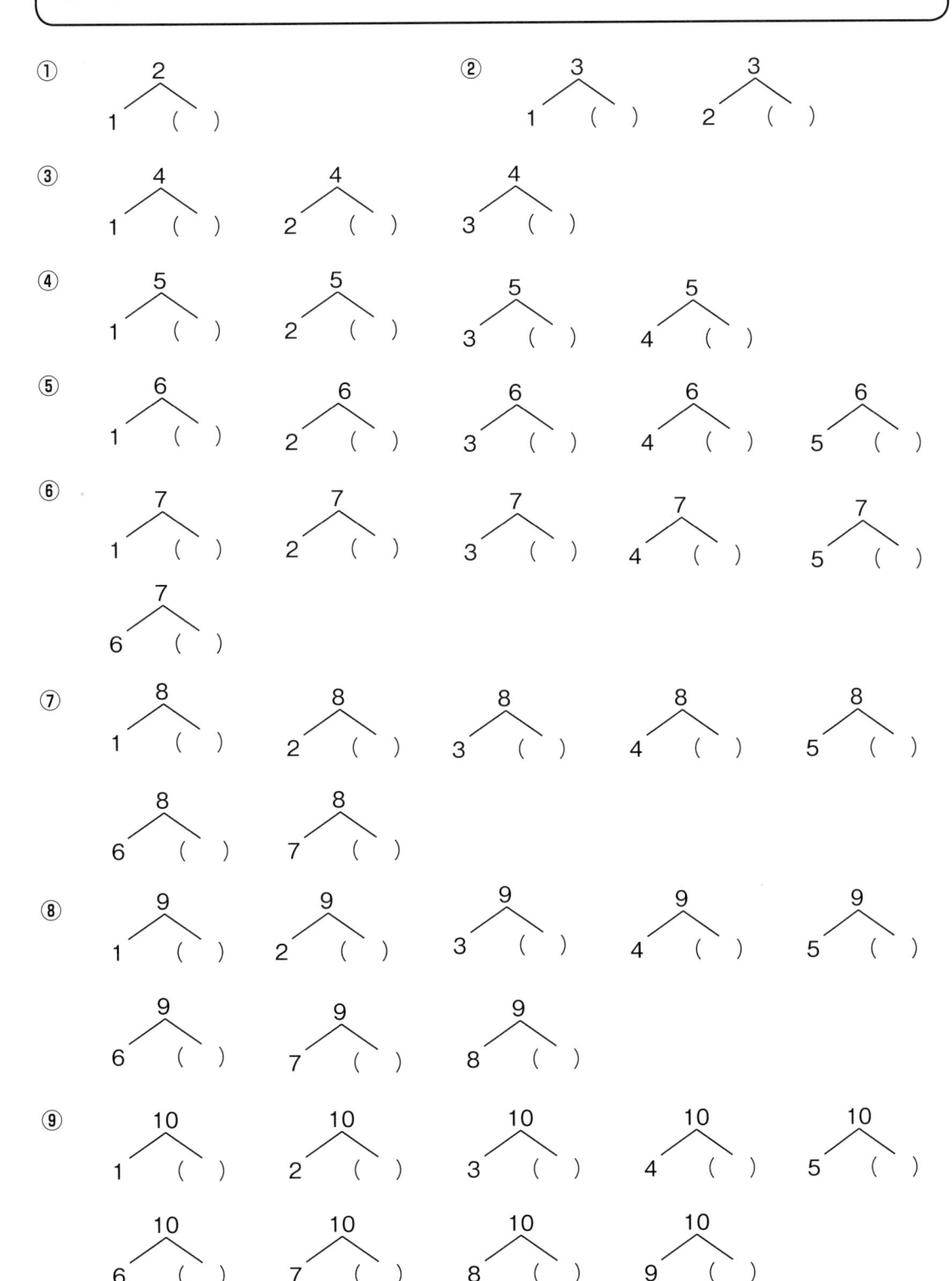

①
2
1 ( )

②
3　　　3
1 ( )　2 ( )

③
4　　　4　　　4
1 ( )　2 ( )　3 ( )

④
5　　　5　　　5　　　5
1 ( )　2 ( )　3 ( )　4 ( )

⑤
6　　　6　　　6　　　6　　　6
1 ( )　2 ( )　3 ( )　4 ( )　5 ( )

⑥
7　　　7　　　7　　　7　　　7
1 ( )　2 ( )　3 ( )　4 ( )　5 ( )
7
6 ( )

⑦
8　　　8　　　8　　　8　　　8
1 ( )　2 ( )　3 ( )　4 ( )　5 ( )
8　　　8
6 ( )　7 ( )

⑧
9　　　9　　　9　　　9　　　9
1 ( )　2 ( )　3 ( )　4 ( )　5 ( )
9　　　9　　　9
6 ( )　7 ( )　8 ( )

⑨
10　　　10　　　10　　　10　　　10
1 ( )　2 ( )　3 ( )　4 ( )　5 ( )
10　　　10　　　10　　　10
6 ( )　7 ( )　8 ( )　9 ( )

9 繰り上がりのあるたし算

本能式計算　たされる数が6・7のたし算（1）

なまえ（　　　　　　　　　　　）

もんだい つぎの もんだいに こたえましょう。

7 + 6 = 13

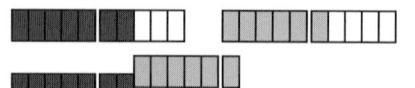

(1) 6 + 5 =

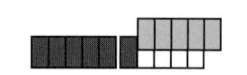

(2) 6 + 6 =

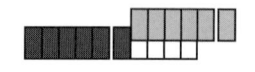

(3) 7 + 4 =

(4) 7 + 5 =

(5) 7 + 7 =

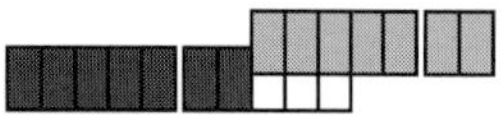

(6) 7 + 6 =

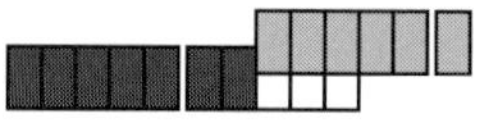

(7) 6 + 5 =

(8) 7 + 7 =

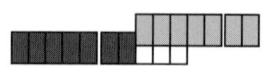

(9) 6 + 6 =

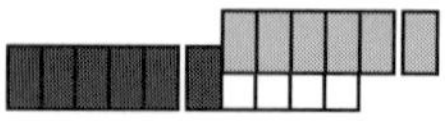

(10) 7 + 6 =

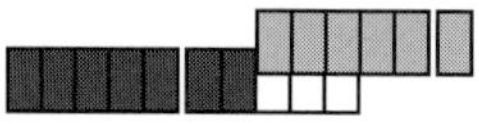

本能式計算　たされる数が6・7のたし算（2）

なまえ（　　　　　　　　　）

もんだい　つぎの もんだいに こたえましょう。

$$6 + 5 = 11$$
　　　∧
　　4　1

ヒント
- 10のたばをつくる。
- 6といくつで10かな？
- 10のたばとあまりの1 をたせばこたえです。

(1)　$6 + 5 =$
　　　　∧
　　　4　1

(2)　$6 + 6 =$
　　　　∧
　　　4　2

(3)　$7 + 4 =$
　　　　∧
　　　3　1

(4)　$7 + 5 =$
　　　　∧
　　　3　2

(5)　$7 + 7 =$
　　　　∧
　　　3　4

(6)　$7 + 6 =$
　　　　∧
　　　3　3

(7)　$6 + 5 =$
　　　　∧
　　　4　1

(8)　$7 + 7 =$
　　　　∧
　　　3　4

(9)　$6 + 6 =$
　　　　∧
　　　4　2

(10)　$7 + 6 =$
　　　　∧
　　　3　3

本能式計算　しきに6か7がふくまれるたし算

なまえ（　　　　　　　　　　）

もんだい つぎのもんだいに こたえましょう。
$5 + 7 = 12$

ヒント
「5 + 7 =」は
「7 + 5 =」として
やると、ときやすいよ。

(1) $6 + 5 =$

(2) $7 + 4 =$

(3) $4 + 7 =$

(4) $6 + 7 =$

(5) $7 + 5 =$

(6) $7 + 6 =$

(7) $5 + 7 =$

(8) $7 + 7 =$

(9) $6 + 6 =$

(10) $5 + 6 =$

9 繰り上がりのあるたし算

本能式計算　たされる数が8のたし算（1）

なまえ（　　　　　　　　　　　　）

もんだい つぎの もんだいに こたえましょう。

8 + 3 = 11

(1) 8 + 3 =

(2) 8 + 4 =

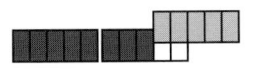

(3) 8 + 5 =

(4) 8 + 6 =

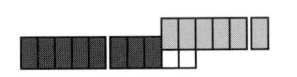

(5) 8 + 7 =

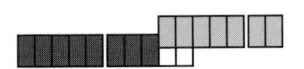

(6) 8 + 8 =

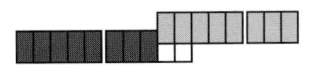

(7) 8 + 6 =

(8) 8 + 7 =

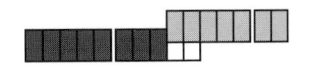

(9) 8 + 8 =

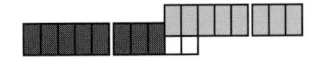

(10) 8 + 3 =

(11) 8 + 5 =

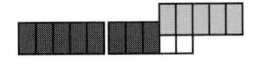

(12) 8 + 4 =

本能式計算　たされる数が8のたし算（2）

なまえ（　　　　　　　　　）

もんだい つぎの もんだいに こたえましょう。
$$8 + 5 = 13$$
　　　2　3

ヒント
- 10のたばをつくる。
- 8といくつで10かな？
- 10のたばとあまりの3をたせばこたえです。

(1) 8 + 3 =
　　　2　1

(2) 8 + 4 =
　　　2　2

(3) 8 + 5 =
　　　2　3

(4) 8 + 6 =
　　　2　4

(5) 8 + 7 =
　　　2　5

(6) 8 + 8 =
　　　2　6

(7) 8 + 6 =
　　　2　4

(8) 8 + 8 =
　　　2　6

(9) 8 + 3 =
　　　2　1

(10) 8 + 7 =
　　　2　5

(11) 8 + 4 =
　　　2　2

(12) 8 + 5 =
　　　2　3

9 繰り上がりのあるたし算

本能式計算　しきに8がふくまれるたし算

なまえ（　　　　　　　　　　　　）

もんだい　つぎのもんだいに こたえましょう。

6 + 8 = 14

ヒント
「6 + 8 =」は
「8 + 6 =」として
やると、ときやすいよ。

(1) 8 + 3 =

(2) 8 + 5 =

(3) 8 + 8 =

(4) 8 + 7 =

(5) 8 + 4 =

(6) 8 + 6 =

(7) 5 + 8 =

(8) 3 + 8 =

(9) 7 + 8 =

(10) 4 + 8 =

(11) 6 + 8 =

(12) 8 + 8 =

(13) 6 + 8 =

(14) 8 + 3 =

(15) 8 + 6 =

(16) 3 + 8 =

(17) 8 + 7 =

(18) 7 + 8 =

(19) 8 + 4 =

(20) 5 + 8 =

(21) 8 + 5 =

(22) 4 + 8 =

本能式計算　たされる数が9のたし算（1）

なまえ（　　　　　　　　　　　）

もんだい つぎのもんだいに こたえましょう。

9 + 4 = 13

(1) 9 + 2 =

(2) 9 + 3 =

(3) 9 + 4 =

(4) 9 + 5 =

(5) 9 + 6 =

(6) 9 + 7 =

(7) 9 + 8 =

(8) 9 + 9 =

(9) 9 + 5 =

(10) 9 + 6 =

(11) 9 + 9 =

(12) 9 + 8 =

(13) 9 + 3 =

(14) 9 + 4 =

(15) 9 + 2 =

(16) 9 + 7 =

9 繰り上がりのあるたし算 113

本能式計算　たされる数が9のたし算（2）

なまえ（　　　　　　　　　　）

もんだい　つぎのもんだいに こたえましょう。

9 + 6 = 15
　　∧
　 1　5

ヒント
- 10のたばをつくる。
- 9といくつで10かな？
- 10のたばとあまりの5をたせばこたえです。

(1)　9 + 2 =
　　　　∧
　　　 1　1

(2)　9 + 3 =
　　　　∧
　　　 1　2

(3)　9 + 4 =
　　　　∧
　　　 1　3

(4)　9 + 5 =
　　　　∧
　　　 1　4

(5)　9 + 6 =
　　　　∧
　　　 1　5

(6)　9 + 7 =
　　　　∧
　　　 1　6

(7)　9 + 8 =
　　　　∧
　　　 1　7

(8)　9 + 9 =
　　　　∧
　　　 1　8

(9)　9 + 3 =
　　　　∧
　　　 1　2

(10)　9 + 7 =
　　　　∧
　　　 1　6

(11)　9 + 4 =
　　　　∧
　　　 1　3

(12)　9 + 5 =
　　　　∧
　　　 1　4

本能式計算　しきに９がふくまれるたし算

なまえ（　　　　　　　　　　）

もんだい つぎのもんだいに こたえましょう。

9 + 3 = 12

(1) 9 + 2 =

(2) 5 + 9 =

(3) 9 + 3 =

(4) 4 + 9 =

(5) 7 + 9 =

(6) 2 + 9 =

(7) 9 + 4 =

(8) 4 + 9 =

(9) 9 + 8 =

(10) 9 + 9 =

(11) 8 + 9 =

(12) 9 + 6 =

(13) 3 + 9 =

(14) 9 + 7 =

(15) 9 + 5 =

(16) 6 + 9 =

本能式計算　1けた＋1けた　まとめ1

なまえ（　　　　　　　　　　　）

もんだい つぎの もんだいに こたえましょう。

7 + 4 = 11

(1) 6 + 5 =

(2) 8 + 3 =

(3) 9 + 2 =

(4) 7 + 4 =

(5) 8 + 8 =

(6) 5 + 9 =

(7) 4 + 7 =

(8) 8 + 5 =

(9) 9 + 3 =

(10) 6 + 7 =

(11) 3 + 8 =

(12) 4 + 9 =

(13) 7 + 5 =

(14) 8 + 7 =

(15) 7 + 9 =

(16) 7 + 6 =

本能式計算　1けた＋1けた　まとめ２

なまえ（　　　　　　　　　　　　）

もんだい つぎの もんだいに こたえましょう。

$$7 + 7 = 14$$

(1) $8 + 4 =$

(2) $2 + 9 =$

(3) $5 + 7 =$

(4) $4 + 8 =$

(5) $3 + 9 =$

(6) $7 + 7 =$

(7) $5 + 8 =$

(8) $4 + 9 =$

(9) $6 + 6 =$

(10) $8 + 6 =$

(11) $9 + 8 =$

(12) $5 + 6 =$

(13) $7 + 8 =$

(14) $9 + 9 =$

(15) $8 + 9 =$

(16) $6 + 9 =$

本能式計算　1けた＋1けた　まとめ3

なまえ（　　　　　　　　　　）

> **もんだい** つぎの もんだいに こたえましょう。
>
> 7 + 9 = 16

(1) 9 + 6 =

(2) 4 + 7 =

(3) 9 + 4 =

(4) 8 + 6 =

(5) 9 + 7 =

(6) 4 + 9 =

(7) 9 + 5 =

(8) 6 + 7 =

(9) 6 + 9 =

(10) 8 + 9 =

(11) 9 + 8 =

(12) 5 + 9 =

(13) 3 + 8 =

(14) 6 + 8 =

(15) 3 + 9 =

(16) 9 + 9 =

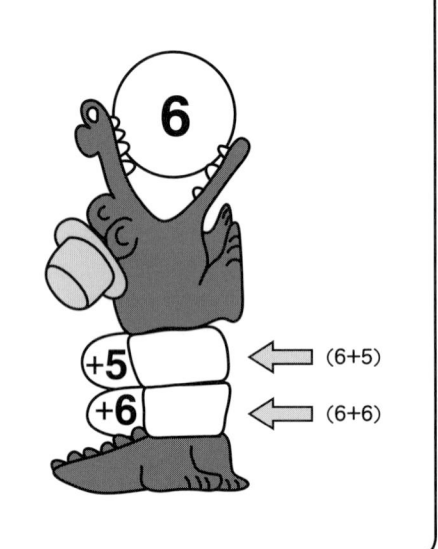

ワニマス計算　たされる数が6・7のたし算

なまえ（　　　　　　　　　　）　　ワニレベル1

もんだい❓
ワニのおなかにけいさんのこたえをかきましょう。

6
+5　←(6+5)
+6　←(6+6)

6
+6
+5

7
+6
+4
+5
+7

7
+7
+5
+6
+4

7
+5
+6
+4
+7

9 　繰り上がりのあるたし算

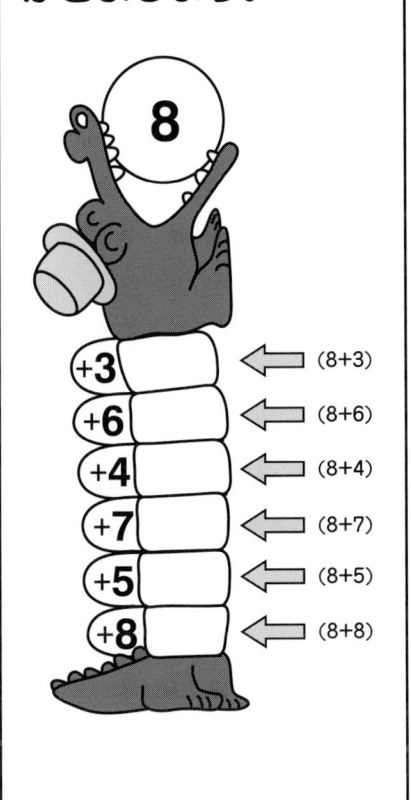

ワニマス計算　たされる数が8のたし算

なまえ（　　　　　　　　　　）

ワニレベル2

もんだい

ワニのおなかに
けいさんのこたえを
かきましょう。

8
- +3 ← (8+3)
- +6 ← (8+6)
- +4 ← (8+4)
- +7 ← (8+7)
- +5 ← (8+5)
- +8 ← (8+8)

8
- +5
- +7
- +3
- +6
- +4
- +8

8
- +6
- +3
- +8
- +4
- +5
- +7

8
- +7
- +5
- +6
- +3
- +8
- +4

ワニマス計算　たされる数が9のたし算

なまえ（　　　　　　　　　　　）

ワニレベル3

もんだい？
ワニのおなかにけいさんのこたえをかきましょう。

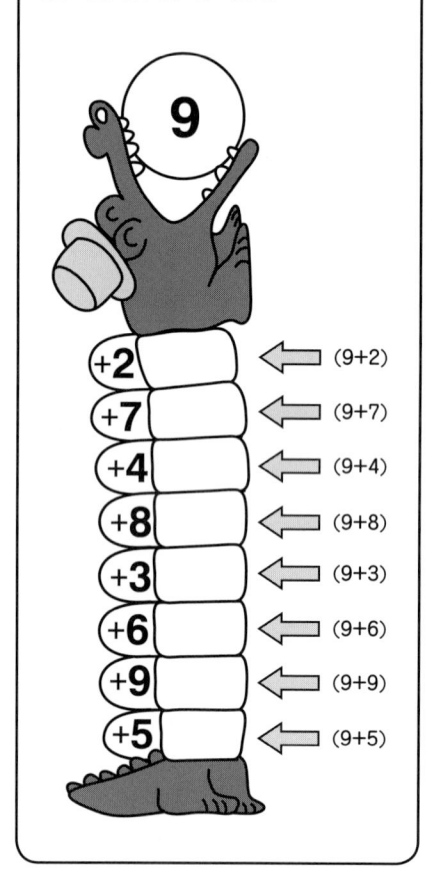

ワニ1（9）:
- +2 ← (9+2)
- +7 ← (9+7)
- +4 ← (9+4)
- +8 ← (9+8)
- +3 ← (9+3)
- +6 ← (9+6)
- +9 ← (9+9)
- +5 ← (9+5)

ワニ2（9）:
- +4
- +8
- +3
- +6
- +9
- +2
- +5
- +7

ワニ3（9）:
- +3
- +5
- +9
- +2
- +8
- +4
- +7
- +6

ワニ4（9）:
- +5
- +7
- +9
- +3
- +8
- +4
- +6
- +2

ワニマス計算　たされる数≦たす数のたし算

なまえ（　　　　　　　　　　　）

ワニレベル4

もんだい❓ ワニのおなかにけいさんのこたえをかきましょう。

2　+9　← (2+9)

3　+9　+8　+8
4　+9　+7　+8
5　+8　+6　+9　+7

6　+8　+6　+9　+7
7　+8　+7　+9
8　+8　+9
9　+9

ワニマス計算　繰り上がりのある・ない混在のたし算　まとめ１

なまえ（　　　　　　　　　）

ワニレベル５

2: +6, +5, +8, +2, +1, +9, +4, +7, +3

4: +2, +7, +4, +8, +1, +3, +6, +9, +5

3: +8, +4, +3, +2, +9, +1, +6, +5, +7

5: +5, +8, +3, +7, +1, +9, +2, +4, +6

ワニマス計算　繰り上がりのある・ない混在のたし算　まとめ２

なまえ（　　　　　　　　　）　ワニレベル６

6: +8, +4, +3, +2, +9, +1, +6, +5, +7

7: +2, +7, +4, +8, +1, +3, +6, +9, +5

8: +4, +8, +3, +6, +1, +9, +2, +5, +7

9: +6, +5, +8, +2, +1, +9, +4, +7, +3

10　繰り下がりのあるひき算

本能式計算　ひかれる数が11のひき算（1）
なまえ（　　　　　　　　　　）

もんだい つぎのもんだいに こたえましょう。

11 − 2 = 9

（ときかた）
① 10 − 2 = 8
② 8 + 1 = 9

(1) 11 − 2 =

(2) 11 − 3 =

(3) 11 − 4 =

(4) 11 − 5 =

(5) 11 − 6 =

(6) 11 − 7 =

(7) 11 − 8 =

(8) 11 − 9 =

本能式計算　ひかれる数が11のひき算（2-1）

なまえ（　　　　　　　　　　）

もんだい つぎのもんだいに こたえましょう。

11 − 2 = 9
　10 1

（ときかた）
① 10 − 2 = 8
② 8 + 1 = 9

(1) 11 − 2 =
　　10 1

(2) 11 − 3 =
　　10 1

(3) 11 − 4 =
　　10 1

(4) 11 − 5 =
　　10 1

(5) 11 − 6 =
　　10 1

(6) 11 − 7 =
　　10 1

(7) 11 − 8 =
　　10 1

(8) 11 − 9 =
　　10 1

(9) 11 − 9 =
　　10 1

(10) 11 − 8 =
　　10 1

(11) 11 − 7 =
　　10 1

(12) 11 − 6 =
　　10 1

(13) 11 − 5 =
　　10 1

(14) 11 − 4 =
　　10 1

(15) 11 − 3 =
　　10 1

(16) 11 − 2 =
　　10 1

本能式計算　ひかれる数が11のひき算（2-2）

なまえ（　　　　　　　　　）

もんだい つぎのもんだいに こたえましょう。

11 − 2 = 9
 10 1

（ときかた）
① 10 − 2 = 8
② 8 + 1 = 9

(1) 11 − 8 =
(2) 11 − 3 =
(3) 11 − 6 =
(4) 11 − 9 =
(5) 11 − 4 =
(6) 11 − 7 =
(7) 11 − 2 =
(8) 11 − 5 =

(9) 11 − 5 =
(10) 11 − 7 =
(11) 11 − 2 =
(12) 11 − 9 =
(13) 11 − 3 =
(14) 11 − 4 =
(15) 11 − 6 =
(16) 11 − 8 =

本能式計算　ひかれる数が11のひき算（3）

なまえ（　　　　　　　　　　）

もんだい つぎのもんだいに こたえましょう。

11 − 3 = 8

(1) 11 − 2 =

(2) 11 − 3 =

(3) 11 − 4 =

(4) 11 − 5 =

(5) 11 − 6 =

(6) 11 − 7 =

(7) 11 − 8 =

(8) 11 − 9 =

(9) 11 − 9 =

(10) 11 − 2 =

(11) 11 − 8 =

(12) 11 − 3 =

(13) 11 − 6 =

(14) 11 − 5 =

(15) 11 − 7 =

(16) 11 − 4 =

本能式計算　ひかれる数が12のひき算（1）

なまえ（　　　　　　　　　　）

もんだい つぎのもんだいに こたえましょう。

$$12 - 4 = 8$$
　　　∧
　　10　2

（ときかた）
① $10 - 4 = 6$
② $6 + 2 = 8$

(1) $12 - 3 =$
　　　∧
　　10　2

(2) $12 - 4 =$
　　　∧
　　10　2

(3) $12 - 5 =$
　　　∧
　　10　2

(4) $12 - 6 =$
　　　∧
　　10　2

(5) $12 - 7 =$
　　　∧
　　10　2

(6) $12 - 8 =$
　　　∧
　　10　2

(7) $12 - 9 =$
　　　∧
　　10　2

本能式計算　ひかれる数が12のひき算（2-1）

なまえ（　　　　　　　　　　　）

もんだい　つぎのもんだいに こたえましょう。

$12 - 3 = 9$
　↑
　10　2

（ときかた）
① $10 - 3 = 7$
② $7 + 2 = 9$

(1) $12 - 3 =$
　　　↑
　　10　2

(2) $12 - 4 =$
　　　↑
　　10　2

(3) $12 - 5 =$
　　　↑
　　10　2

(4) $12 - 6 =$
　　　↑
　　10　2

(5) $12 - 7 =$
　　　↑
　　10　2

(6) $12 - 8 =$
　　　↑
　　10　2

(7) $12 - 9 =$
　　　↑
　　10　2

(8) $12 - 9 =$
　　　↑
　　10　2

(9) $12 - 8 =$
　　　↑
　　10　2

(10) $12 - 7 =$
　　　↑
　　10　2

(11) $12 - 6 =$
　　　↑
　　10　2

(12) $12 - 5 =$
　　　↑
　　10　2

(13) $12 - 4 =$
　　　↑
　　10　2

(14) $12 - 3 =$
　　　↑
　　10　2

本能式計算　ひかれる数が12のひき算（2-2）

なまえ（　　　　　　　　　　）

もんだい つぎのもんだいに こたえましょう。

$$12 - 3 = 9$$
　　10 2

（ときかた）
① 10 − 3 = 7
② 7 + 2 = 9

(1) 12 − 8 =
　　10 2

(2) 12 − 4 =
　　10 2

(3) 12 − 9 =
　　10 2

(4) 12 − 6 =
　　10 2

(5) 12 − 7 =
　　10 2

(6) 12 − 3 =
　　10 2

(7) 12 − 5 =
　　10 2

(8) 12 − 6 =
　　10 2

(9) 12 − 5 =
　　10 2

(10) 12 − 7 =
　　10 2

(11) 12 − 8 =
　　10 2

(12) 12 − 4 =
　　10 2

(13) 12 − 9 =
　　10 2

(14) 12 − 3 =
　　10 2

本能式計算　ひかれる数が12のひき算（3）

なまえ（　　　　　　　　　　）

もんだい つぎの もんだいに こたえましょう。

$$12 - 3 = 9$$

(1) 12 － 3 ＝

(2) 12 － 4 ＝

(3) 12 － 5 ＝

(4) 12 － 6 ＝

(5) 12 － 7 ＝

(6) 12 － 8 ＝

(7) 12 － 9 ＝

(8) 12 － 4 ＝

(9) 12 － 9 ＝

(10) 12 － 8 ＝

(11) 12 － 3 ＝

(12) 12 － 6 ＝

(13) 12 － 5 ＝

(14) 12 － 7 ＝

本能式計算　ひかれる数が13のひき算（1）

なまえ（　　　　　　　　　　）

もんだい　つぎの もんだいに こたえましょう。

$$13 - 4 = 9$$
　　　10　3

（ときかた）
① $10 - 4 = 6$
② $6 + 3 = 9$

(1) $13 - 4 =$
　　10　3

(2) $13 - 5 =$
　　10　3

(3) $13 - 6 =$
　　10　3

(4) $13 - 7 =$
　　10　3

(5) $13 - 8 =$
　　10　3

(6) $13 - 9 =$
　　10　3

(7) $13 - 9 =$
　　10　3

(8) $13 - 8 =$
　　10　3

(9) $13 - 7 =$
　　10　3

(10) $13 - 6 =$
　　10　3

(11) $13 - 5 =$
　　10　3

(12) $13 - 4 =$
　　10　3

本能式計算　ひかれる数が13のひき算（2-1）

なまえ（　　　　　　　　　　）

もんだい つぎの もんだいに こたえましょう。
13 − 4 = 9
10 3

（ときかた）
① 10 − 4 = 6
② 6 + 3 = 9

(1) 13 − 4 =
　　10 3

(2) 13 − 5 =
　　10 3

(3) 13 − 6 =
　　10 3

(4) 13 − 7 =
　　10 3

(5) 13 − 8 =
　　10 3

(6) 13 − 9 =
　　10 3

(7) 13 − 9 =
　　10 3

(8) 13 − 8 =
　　10 3

(9) 13 − 7 =
　　10 3

(10) 13 − 6 =
　　10 3

(11) 13 − 5 =
　　10 3

(12) 13 − 4 =
　　10 3

本能式計算　ひかれる数が13のひき算（2-2）

なまえ（　　　　　　　　　　）

もんだい　つぎの もんだいに こたえましょう。

$$13 - 4 = 9$$
　　10　3

（ときかた）
① $10 - 4 = 6$
② $6 + 3 = 9$

(1) $13 - 8 =$
　　10　3

(2) $13 - 5 =$
　　10　3

(3) $13 - 9 =$
　　10　3

(4) $13 - 7 =$
　　10　3

(5) $13 - 4 =$
　　10　3

(6) $13 - 6 =$
　　10　3

(7) $13 - 4 =$
　　10　3

(8) $13 - 6 =$
　　10　3

(9) $13 - 8 =$
　　10　3

(10) $13 - 5 =$
　　10　3

(11) $13 - 9 =$
　　10　3

(12) $13 - 7 =$
　　10　3

本能式計算　ひかれる数が13のひき算（3）

なまえ（　　　　　　　　　）

もんだい つぎのもんだいに こたえましょう。

13 − 4 = 9

(1) 13 − 4 =

(2) 13 − 5 =

(3) 13 − 6 =

(4) 13 − 7 =

(5) 13 − 8 =

(6) 13 − 9 =

(7) 13 − 7 =

(8) 13 − 9 =

(9) 13 − 8 =

(10) 13 − 4 =

(11) 13 − 6 =

(12) 13 − 5 =

(13) 13 − 6 =

(14) 13 − 4 =

(15) 13 − 8 =

(16) 13 − 7 =

(17) 13 − 9 =

(18) 13 − 5 =

本能式計算　ひかれる数が14のひき算（1）

なまえ（　　　　　　　　　）

もんだい つぎのもんだいに こたえましょう。

14 − 5 = 9

（ときかた）
① 10 − 5 = 5
② 5 + 4 = 9

(1) 14 − 5 =

(2) 14 − 6 =

(3) 14 − 7 =

(4) 14 − 8 =

(5) 14 − 9 =

(6) 14 − 9 =

(7) 14 − 8 =

(8) 14 − 7 =

(9) 14 − 6 =

(10) 14 − 5 =

本能式計算　ひかれる数が14のひき算（2-1）

なまえ（　　　　　　　　　　）

もんだい つぎのもんだいに こたえましょう。

14 − 5 = 9
10 4

（ときかた）
① 10 − 5 = 5
② 5 + 4 = 9

(1) 14 − 5 =
  10 4

(2) 14 − 6 =
  10 4

(3) 14 − 7 =
  10 4

(4) 14 − 8 =
  10 4

(5) 14 − 9 =
  10 4

(6) 14 − 9 =
  10 4

(7) 14 − 8 =
  10 4

(8) 14 − 7 =
  10 4

(9) 14 − 6 =
  10 4

(10) 14 − 5 =
  10 4

本能式計算　ひかれる数が14のひき算（2-2）

なまえ（　　　　　　　　　　）

もんだい つぎのもんだいに こたえましょう。

$$14 - \underset{10 \ 4}{5} = 9$$

（ときかた）
① $10 - 5 = 5$
② $5 + 4 = 9$

(1) $14 - 8 =$ 　　(6) $14 - 5 =$

(2) $14 - 6 =$ 　　(7) $14 - 8 =$

(3) $14 - 7 =$ 　　(8) $14 - 9 =$

(4) $14 - 5 =$ 　　(9) $14 - 6 =$

(5) $14 - 9 =$ 　　(10) $14 - 7 =$

本能式計算　ひかれる数が14のひき算（3）

なまえ（　　　　　　　　　）

もんだい つぎのもんだいに こたえましょう。

14 － 5 ＝ 9

(1) 14 － 5 ＝

(2) 14 － 6 ＝

(3) 14 － 7 ＝

(4) 14 － 8 ＝

(5) 14 － 9 ＝

(6) 14 － 7 ＝

(7) 14 － 9 ＝

(8) 14 － 8 ＝

(9) 14 － 5 ＝

(10) 14 － 6 ＝

(11) 14 － 9 ＝

(12) 14 － 8 ＝

(13) 14 － 7 ＝

(14) 14 － 6 ＝

(15) 14 － 5 ＝

(16) 14 － 6 ＝

(17) 14 － 5 ＝

(18) 14 － 8 ＝

(19) 14 － 9 ＝

(20) 14 － 7 ＝

本能式計算　ひかれる数が15のひき算（1）

なまえ（　　　　　　　　）

もんだい　つぎのもんだいに こたえましょう。

$$15 - ⑥ = 9$$
　　∧
　10　5

（ときかた）
① $10 - 6 = 4$
② $4 + 5 = 9$

(1) $15 - ⑥ =$
　　　∧
　　10　5

(2) $15 - ⑦ =$
　　　∧
　　10　5

(3) $15 - ⑧ =$
　　　∧
　　10　5

(4) $15 - ⑨ =$
　　　∧
　　10　5

(5) $15 - ⑨ =$
　　　∧
　　10　5

(6) $15 - ⑧ =$
　　　∧
　　10　5

(7) $15 - ⑦ =$
　　　∧
　　10　5

(8) $15 - ⑥ =$
　　　∧
　　10　5

本能式計算　ひかれる数が15のひき算（2-1）

なまえ（　　　　　　　　　　　）

もんだい つぎの もんだいに こたえましょう。

$15 - 6 = 9$
　　10　5

（ときかた）
① $10 - 6 = 4$
② $4 + 5 = 9$

(1) $15 - 6 =$
　　10　5

(2) $15 - 7 =$
　　10　5

(3) $15 - 8 =$
　　10　5

(4) $15 - 9 =$
　　10　5

(5) $15 - 9 =$
　　10　5

(6) $15 - 8 =$
　　10　5

(7) $15 - 7 =$
　　10　5

(8) $15 - 6 =$
　　10　5

本能式計算　ひかれる数が15のひき算（2-2）

なまえ（　　　　　　　　　）

もんだい つぎの もんだいに こたえましょう。

15 − 6 = 9
　10 5

（ときかた）
① 10 − 6 = 4
② 4 + 5 = 9

(1) 15 − 7 =
　　10 5

(2) 15 − 6 =
　　10 5

(3) 15 − 9 =
　　10 5

(4) 15 − 8 =
　　10 5

(5) 15 − 9 =
　　10 5

(6) 15 − 7 =
　　10 5

(7) 15 − 8 =
　　10 5

(8) 15 − 6 =
　　10 5

(9) 15 − 6 =
　　10 5

(10) 15 − 9 =
　　10 5

(11) 15 − 8 =
　　10 5

(12) 15 − 7 =
　　10 5

(13) 15 − 8 =
　　10 5

(14) 15 − 9 =
　　10 5

(15) 15 − 7 =
　　10 5

(16) 15 − 6 =
　　10 5

本能式計算　ひかれる数が15のひき算（3）

なまえ（　　　　　　　　　）

もんだい つぎの もんだいに こたえましょう。

15 − 3 = 12

(1) 15 − 6 =

(2) 15 − 7 =

(3) 15 − 8 =

(4) 15 − 9 =

(5) 15 − 9 =

(6) 15 − 8 =

(7) 15 − 7 =

(8) 15 − 6 =

(9) 15 − 7 =

(10) 15 − 9 =

(11) 15 − 8 =

(12) 15 − 6 =

(13) 15 − 8 =

(14) 15 − 6 =

(15) 15 − 9 =

(16) 15 − 7 =

本能式計算　ひかれる数が16・17・18のひき算（1）

なまえ（　　　　　　　　　）

もんだい つぎのもんだいに こたえましょう。

$$16 - 7 = 9$$
　　∧
　10　6

（ときかた）
① $10 - 7 = 3$
② $3 + 6 = 9$

(1) $16 - 7 =$
　　∧
　10　6

(2) $16 - 8 =$
　　∧
　10　6

(3) $16 - 9 =$
　　∧
　10　6

(4) $17 - 8 =$
　　∧
　10　7

(5) $17 - 9 =$
　　∧
　10　7

(6) $18 - 9 =$
　　∧
　10　8

本能式計算　ひかれる数が16・17・18のひき算 (2-1)

なまえ（　　　　　　　　　　）

もんだい つぎの もんだいに こたえましょう。

18 − ⑨ = 9
 ∧
10 8

（ときかた）
① 10 − 9 = 1
② 1 + 8 = 9

(1) 16 − 7 =
　　 ∧
　 10 6

(2) 16 − 8 =
　　 ∧
　 10 6

(3) 16 − 9 =
　　 ∧
　 10 6

(4) 17 − 8 =
　　 ∧
　 10 7

(5) 17 − 9 =
　　 ∧
　 10 7

(6) 18 − 9 =
　　 ∧
　 10 8

(7) 18 − 9 =
　　 ∧
　 10 8

(8) 17 − 9 =
　　 ∧
　 10 7

(9) 17 − 8 =
　　 ∧
　 10 7

(10) 16 − 9 =
　　　∧
　　10 6

(11) 16 − 8 =
　　　∧
　　10 6

(12) 16 − 7 =
　　　∧
　　10 6

本能式計算 ひかれる数が16・17・18のひき算（2-2）

なまえ（　　　　　　　　　　）

もんだい つぎのもんだいに こたえましょう。

$16 - 7 = 9$
　↑
　10　6

（ときかた）
① $10 - 7 = 3$
② $3 + 6 = 9$

(1) $17 - 9 =$
　　↑
　　10　7

(2) $16 - 8 =$
　　↑
　　10　6

(3) $18 - 9 =$
　　↑
　　10　8

(4) $17 - 8 =$
　　↑
　　10　7

(5) $16 - 7 =$
　　↑
　　10　6

(6) $16 - 9 =$
　　↑
　　10　6

(7) $18 - 9 =$
　　↑
　　10　8

(8) $16 - 7 =$
　　↑
　　10　6

(9) $17 - 9 =$
　　↑
　　10　7

(10) $16 - 8 =$
　　↑
　　10　6

(11) $16 - 9 =$
　　↑
　　10　6

(12) $17 - 8 =$
　　↑
　　10　7

本能式計算　ひかれる数が16・17・18のひき算（3）

なまえ（　　　　　　　　　　）

もんだい つぎの もんだいに こたえましょう。

17 − 8 = 9

(1) 16 − 7 =

(2) 16 − 8 =

(3) 16 − 9 =

(4) 17 − 8 =

(5) 17 − 9 =

(6) 18 − 9 =

(7) 16 − 9 =

(8) 17 − 9 =

(9) 16 − 7 =

(10) 18 − 9 =

(11) 16 − 8 =

(12) 17 − 8 =

本能式計算　（11〜18）－1けた　まとめ1

なまえ（　　　　　　　　　　）

もんだい　つぎの もんだいに こたえましょう。

$$12 - 5 = 7$$

(1) $11 - 4 =$

(2) $14 - 6 =$

(3) $12 - 7 =$

(4) $17 - 8 =$

(5) $15 - 7 =$

(6) $13 - 5 =$

(7) $11 - 7 =$

(8) $14 - 5 =$

(9) $12 - 5 =$

(10) $16 - 8 =$

(11) $15 - 9 =$

(12) $13 - 6 =$

(13) $11 - 5 =$

(14) $14 - 8 =$

(15) $12 - 6 =$

(16) $18 - 9 =$

(17) $15 - 6 =$

(18) $13 - 4 =$

本能式計算 （11〜18）－1けた　まとめ２

なまえ（　　　　　　　　　）

もんだい つぎの もんだいに こたえましょう。

13 － 4 ＝ 7

(1) 11 － 6 ＝

(2) 14 － 9 ＝

(3) 12 － 3 ＝

(4) 16 － 7 ＝

(5) 15 － 8 ＝

(6) 13 － 8 ＝

(7) 11 － 3 ＝

(8) 14 － 7 ＝

(9) 12 － 8 ＝

(10) 17 － 9 ＝

(11) 15 － 6 ＝

(12) 13 － 9 ＝

(13) 11 － 8 ＝

(14) 11 － 9 ＝

(15) 12 － 9 ＝

(16) 16 － 9 ＝

(17) 13 － 7 ＝

(18) 11 － 2 ＝

150

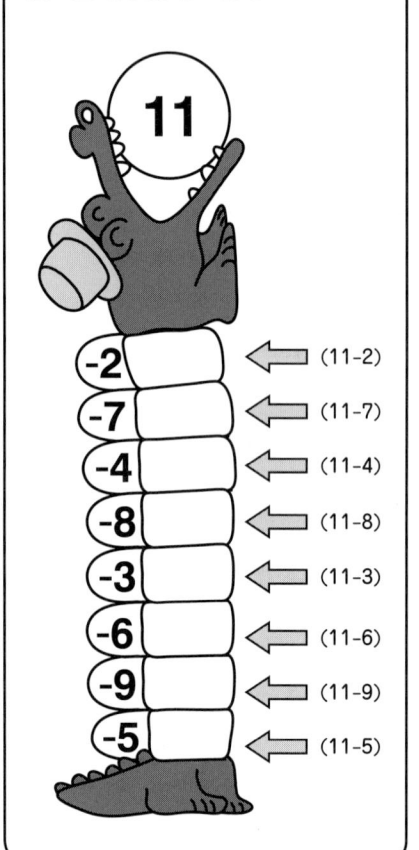

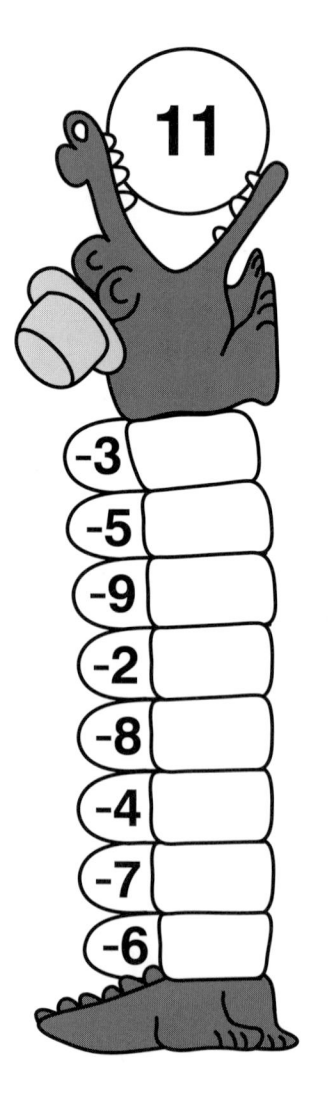

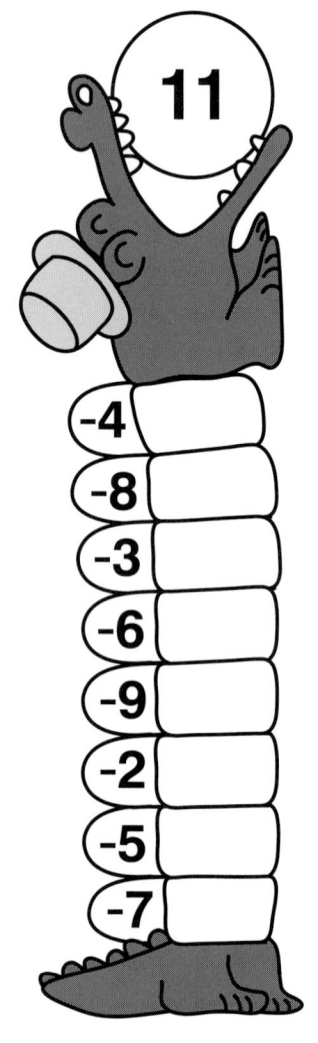

ワニマス計算　ひかれる数が11のひき算

なまえ（　　　　　　　　　）　　ワニ レベル1

もんだい？

ワニのおなかに
けいさんのこたえを
かきましょう。

ワニ1（11）:
- -2 ← (11-2)
- -7 ← (11-7)
- -4 ← (11-4)
- -8 ← (11-8)
- -3 ← (11-3)
- -6 ← (11-6)
- -9 ← (11-9)
- -5 ← (11-5)

ワニ2（11）:
- -3
- -5
- -9
- -2
- -8
- -4
- -7
- -6

ワニ3（11）:
- -4
- -8
- -3
- -6
- -9
- -2
- -5
- -7

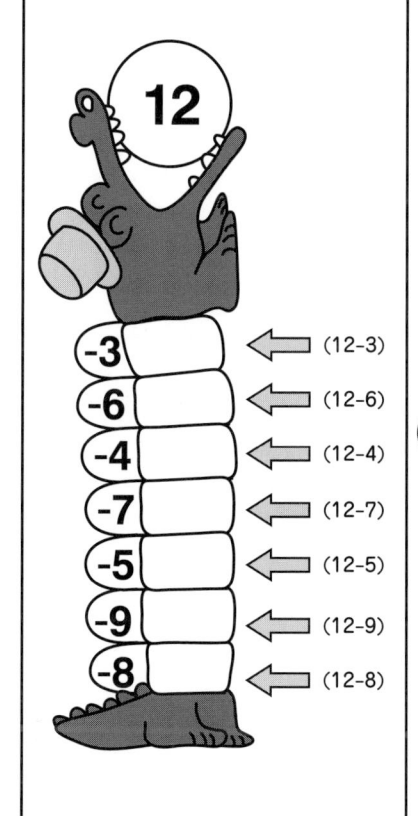

10 繰り下がりのあるひき算　151

ワニマス計算　ひかれる数が12のひき算

なまえ（　　　　　　　　）

ワニ レベル2

もんだい
ワニのおなかに
けいさんのこたえを
かきましょう。

12
- -3　←（12-3）
- -6　←（12-6）
- -4　←（12-4）
- -7　←（12-7）
- -5　←（12-5）
- -9　←（12-9）
- -8　←（12-8）

12
-5
-7
-3
-9
-4
-8
-6

12
-6
-3
-8
-4
-9
-7
-5

12
-7
-5
-6
-3
-8
-4
-9

ワニマス計算　ひかれる数が13のひき算

なまえ（　　　　　　　　　　）

ワニレベル3

もんだい❓

ワニのおなかに
けいさんのこたえを
かきましょう。

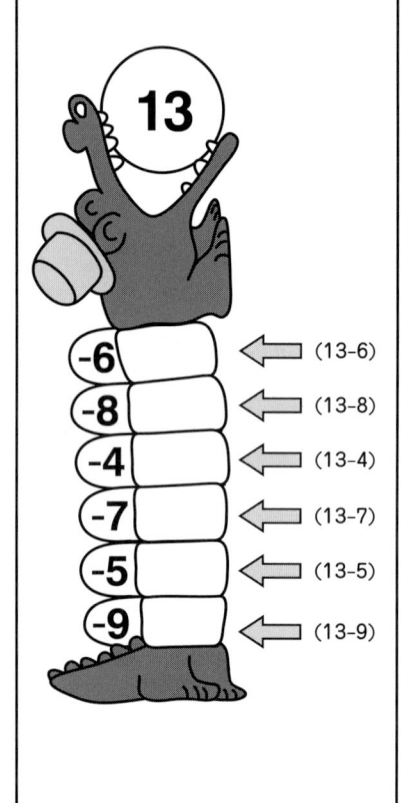

13
- -6 ← (13-6)
- -8 ← (13-8)
- -4 ← (13-4)
- -7 ← (13-7)
- -5 ← (13-5)
- -9 ← (13-9)

13
- -7
- -9
- -5
- -8
- -4
- -6

13
- -4
- -7
- -5
- -9
- -6
- -8

13
- -8
- -4
- -7
- -6
- -9
- -5

ワニマス計算　ひかれる数が14のひき算

なまえ（　　　　　　　　　）

ワニ レベル4

もんだい
ワニのおなかに けいさんのこたえを かきましょう。

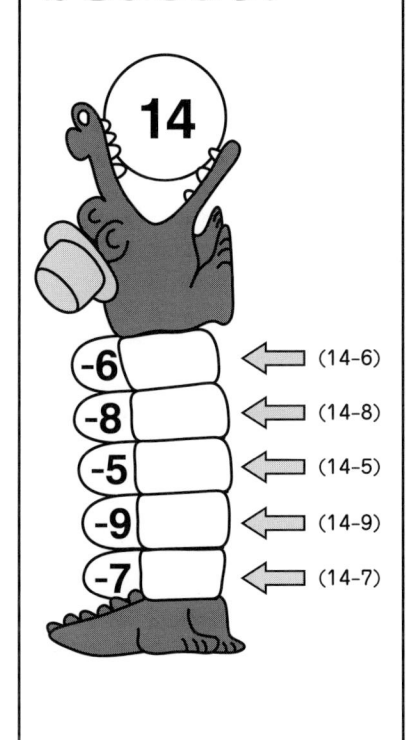

14
- -6　← (14-6)
- -8　← (14-8)
- -5　← (14-5)
- -9　← (14-9)
- -7　← (14-7)

14
- -5
- -8
- -7
- -9
- -6

14
- -7
- -9
- -6
- -8
- -5

14
- -7
- -5
- -9
- -6
- -8

ワニマス計算　ひかれる数が15のひき算

なまえ（　　　　　　　　　）

ワニレベル5

もんだい

ワニのおなかにけいさんのこたえをかきましょう。

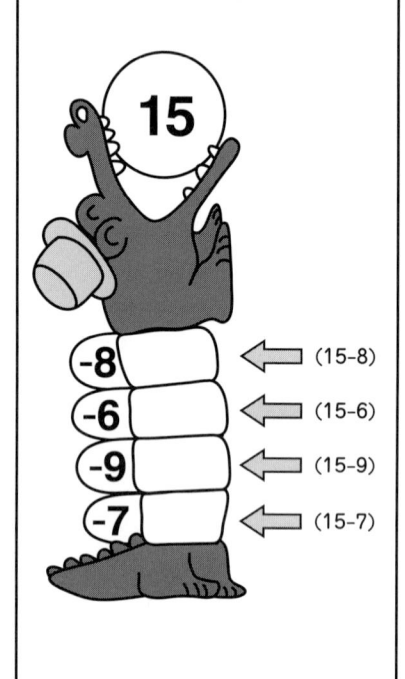

15
- -8 ← (15-8)
- -6 ← (15-6)
- -9 ← (15-9)
- -7 ← (15-7)

15
- -6
- -9
- -7
- -8

15
- -9
- -7
- -8
- -6

15
- -7
- -8
- -6
- -9

ワニマス計算　ひかれる数が16・17・18のひき算

なまえ（　　　　　　　　　）

ワニ レベル6

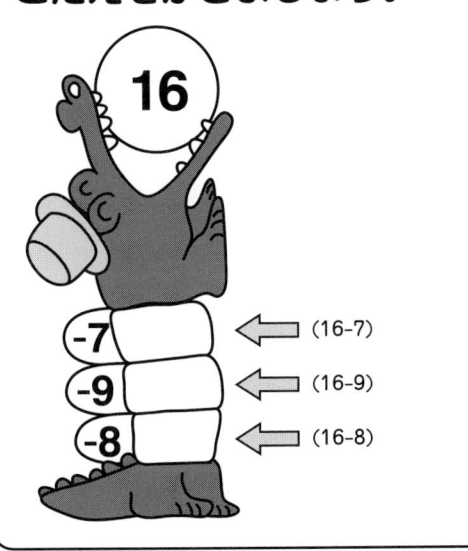

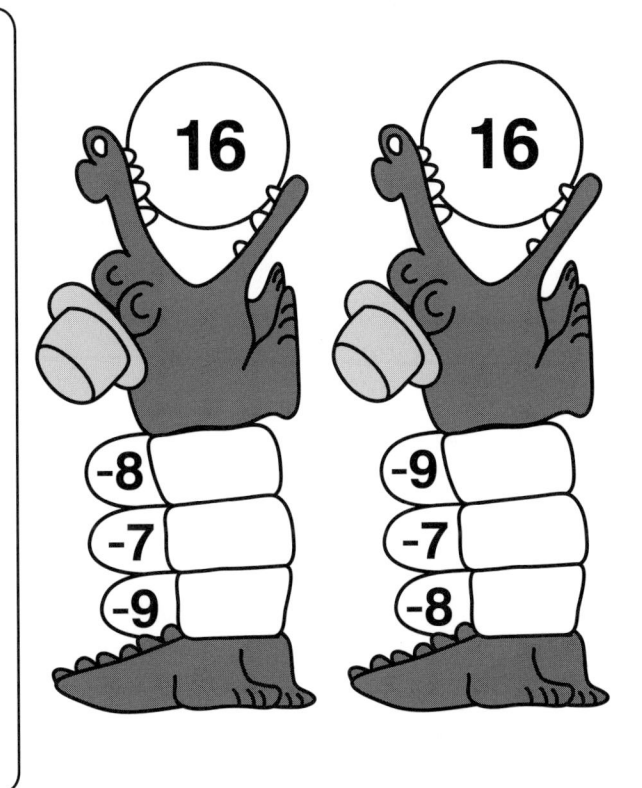

もんだい

ワニのおなかにけいさんのこたえをかきましょう。

16
- -7 ← (16-7)
- -9 ← (16-9)
- -8 ← (16-8)

16
- -8
- -7
- -9

16
- -9
- -7
- -8

17
- -8
- -9

17
- -9
- -8

18
- -9

計算を習得するまでのプロセス

計算は、（1）～（3）のプロセスで計算は習得されると考えられます。

（1）具体物操作　　　（2）半具体物（タイル）操作　　　（3）抽象思考（数式）

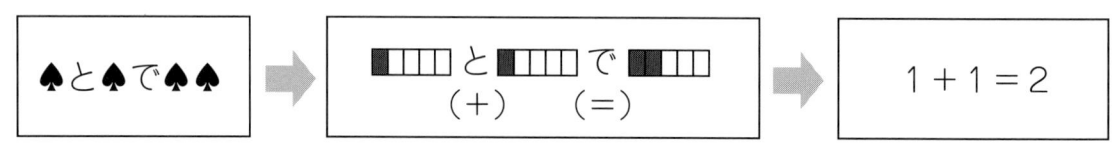

♠と♠で♠♠　→　■□□□と■■□□で■■■□　→　1＋1＝2
　　　　　　　　　　　（＋）　　（＝）

（1）では、具体物に触れながら、感覚的に計算します。

（2）では、5のタイル（枠）や10のタイル（枠）をベースにし、視覚的に計算します。

（3）では、（2）で学んだことを頭に思い浮かべながら、数字を使って計算します。

最終的には、数式で計算ができるようにならなければなりません。

私たちは買い物をする際、頭の中で計算をします。その際、頭の中でタイルなどを思い浮かべているわけではありません。例えば9と6をたす際、9つのタイルと6つのタイルを思い浮かべ、6を1と5に分解し、9＋1＋5で15としているということはありえません。現実は、9＋6＝15と、なんども繰り返し学ぶうちに、減加法をせず、答えを導き出しているのです。私たちは、その記憶を用いて日常の計算をしているのです。それなら、計算の結果をただ覚えてしまえばいいのではないかという考えになります。それは違います。単に計算結果を覚えるだけでは、応用ができなくなってしまいます。

計算力をつけさせる方法を簡単にまとめると、「**加法・減法の計算システムを、視覚を通して感覚的に習得させた後、答えを何度も言わせることにより答えを覚えさせる**」となります。

加法・減法の計算システムを、視覚を通して感覚的に習得させる方法としては、4段階式単語カード学習法の活用や、問題を何度もやることが有効です。

このような取り組みをすることにより、指折りをしないで加法・減法を速く計算することができるようになります（ただし、個人差は、あります）。

「4段階式学習法」とは

「4段階式学習法」の特徴

　たし算（1＋1＝？）を例に、説明します。

　この学習法では、学習のステップを4段階（第1段階～第4段階）で構成しています。それぞれの段階は、問題と答えで1セットとなっています。

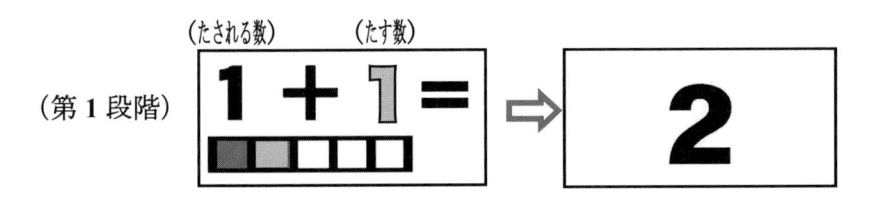

（第1段階）　**1 + 1 =** ⇒ **2**

　たされる数の数字とタイルを黒系、たす数の数字とタイルの数を薄いグレーで表すことにより、たす数とたされる数の関係が一目で分かります。

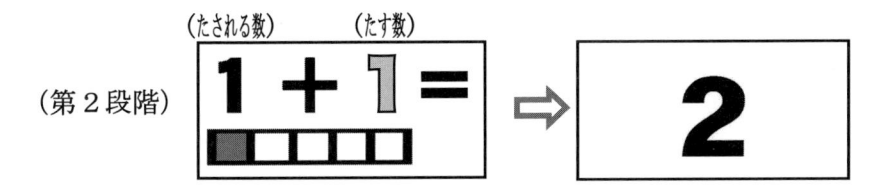

（第2段階）　**1 + 1 =** ⇒ **2**

　たす数のタイルに、色を付けないでおくことにより、第一段階の残像で、タイルのどの部分に色が付くかイメージできます。

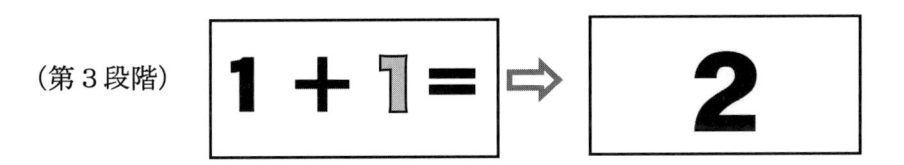

（第3段階）　**1 + 1 =** ⇒ **2**

　第1や第2段階の練習で自然と習得したたし算のイメージをもとにしながら数式計算をするので、容易に答えを導くことができます。

　※「単語カード」や「たす・ひく」アプリを使って学習する場合は、第1段階と第2段階で、問題と答えを声に出して言っているので、言葉としての記憶も残ります。

　第4段階では、第3段階の数式問題のみをアトランダムに集めたものを取り組ませると、学習の定着を図ることができます。

ひき算（3－2＝?）を例に、説明します。
学習のステップを4段階（第1段階～第4段階）で構成しています。
それぞれの段階は、問題と答えで1セットとなっています。

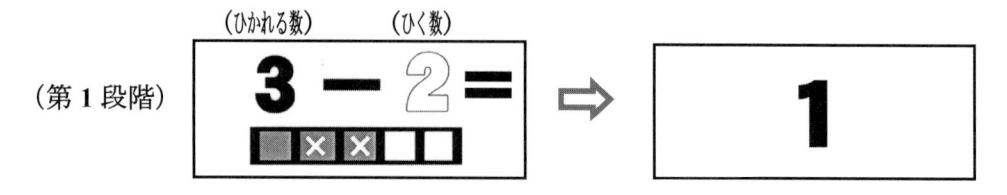

(第1段階)

（ひかれる数）　（ひく数）

3 － 2 =　⇒　1

※ひかれる数の3つのタイルに、ひく数の分を×で削除することにより、ひかれる数とひく数の関係が一目で分かります。

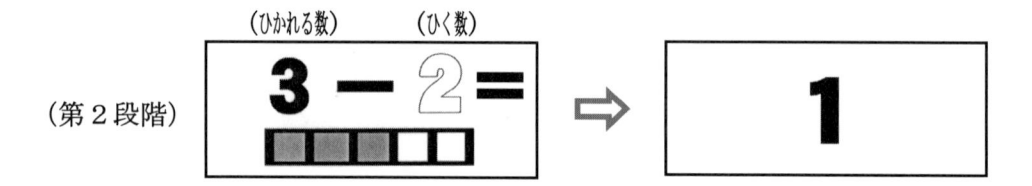

(第2段階)

（ひかれる数）　（ひく数）

3 － 2 =　⇒　1

※ひく数の分をタイルに×をつけないことにより、第一段階の残像で、タイルのどの部分に×が付くかイメージできます。

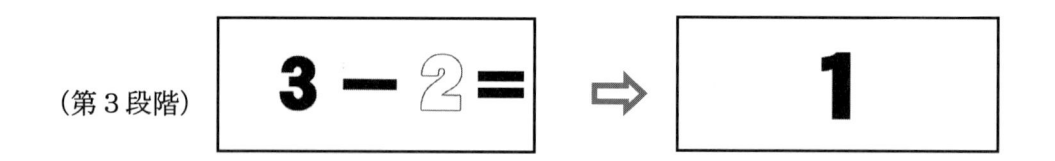

(第3段階)

3 － 2 =　⇒　1

※第1や第2段階の練習で自然と習得したひき算のイメージをもとにしながら数式計算をするため、容易に答えを導くことができます。

※「単語カード」や「たす・ひく」アプリを使って学習する場合は、第1段階と第2段階で、問題と答えを声に出して言っているので、言葉としての記憶も残ります。

第4段階では、第3段階の数式問題のみをアトランダムに集めたものを取り組ませることにより、学習の定着が図ることができます。

「4段階式学習法」を用いた学習方法には、3つあります。

(1)「単語カード」　(2)「たす・ひく」アプリ

(3)「本書の問題」

・「単語カード」を用いた4段階式学習法

（1）「単語カード」を用いた4段階式学習法の特徴

　「単語カード」を第1段階→第2段階→第3段階のシリーズで繰り返し行うことで、視覚による残像現象により、感覚的に計算がイメージできます。最後に、第4段階として、第3段階だけを集めて問題を行います。

　詳しくは、下記の構造図をご覧ください。

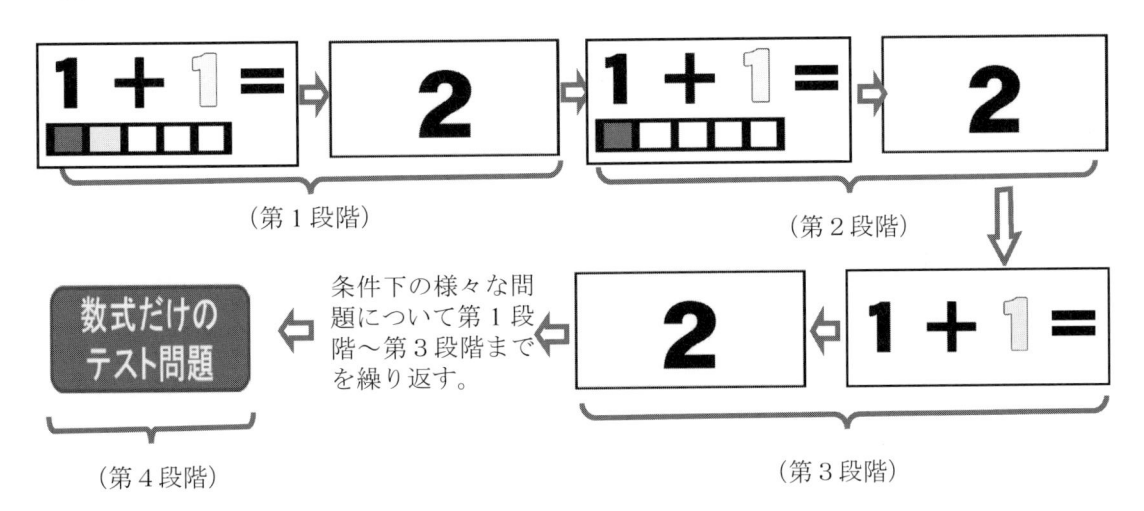

1 + 1 =	⇒	2		1 + 1 =	⇒	2
（第1段階）				（第2段階）		

数式だけのテスト問題	←	条件下の様々な問題について第1段階～第3段階までを繰り返す。	←	2	←	1 + 1 =
（第4段階）				（第3段階）		

・「単語カード」（4段階式学習法）の作成方法

①単語カードのデータが以下のサイトから、無料でダウンロードすることができます。
　http://www.synapse.ne.jp/honnousiki/

②ダウンロードする際、下記のパスワードが必要となります。「matusa」
　※【9つのセールスポイント】の、（7）「四段階式単語カード」→「パスワード入力画面」に進み、
　　パスワードを入力すれば、希望の単語カード枠がダウンロードできます。

③PDFファイルが表記されますので、保存します。

④そのデータを元に厚紙にプリントします。

⑤印刷した用紙を切り取り線に沿ってカットします。

⑥カットした用紙を、上から（表紙）→（あ－1）→（あ－2）→（あ－3）
　→（い－1）……の順に並べます。

⑦〇印をパンチで穴を開け、カードリングで束ねます。

※「単語カードデータ」サンプル

（表面）　　　　　　　　　　　　（裏面）

※両面印刷の場合は微妙にずれることがありますので、あえて表面（問題）のみを印刷し、裏面の解答部分は手書きにする方法もあります。

※「繰り上がりのないたし算」「繰り下がりのないひき算」「繰り上がりのあるたし算」「繰り下がりのあるひき算」などの「単語カードの型紙データ」を準備しています。

※ダウンロードがうまくいかない時は、ooe@po.synapse.ne.jpまでメールをいただければ、ありがたいです。できる限り、他の方法での転送のお手伝いをさせていただきます。

・単語カードの保存例

①100円ショップでケースとケースの仕切りを購入し、作ったもの

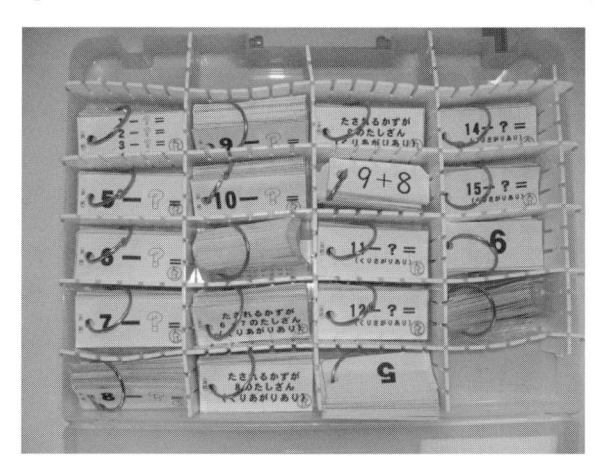

※ケース100円
　仕切り100円
　合計　200円

②壁かけフック（金具）にかけて掲示する場合

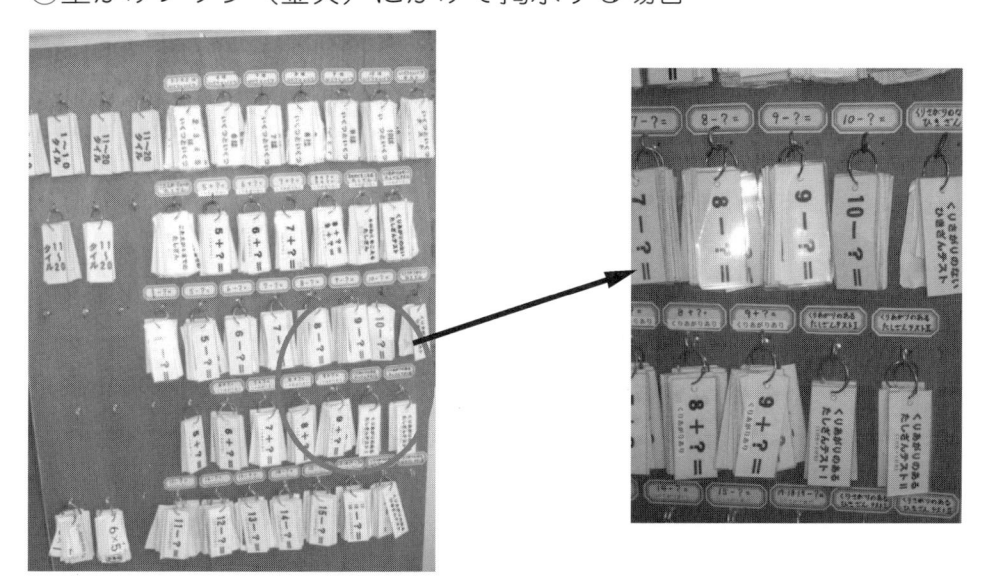

・「単語カード」を用いた４段階式学習法のメリット・デメリット

【メリット】

- １つずつ持たせて、とりくませることができます。
- 多くの人数でも使うことができます。
- 宿題として持ち帰らせることができます。

【デメリット】

- 全部を作るためには、手間がかかります。
- 単語カードがなくなったり、破れてしまったりすることがあります。

本能式計算法とは

（1）本能式計算法の特徴

　本能式計算法は、第1段階、第2段階、第3段階と3つの段階が1セットとなっています。

- 第1段階では、計算のシステムの理解する。
- 第2段階では、計算をイメージする。
- 第3段階では、計算を暗算する。

※「本能式計算法アプリ」や「単語カード」の4段階式学習法と連動して行うことより、学習効果の向上が更に図れます。

ワニマス計算とは

（1）ワニマス計算の3つの特徴

　①ワニのかわいいイラストを使っているので、親近感を持ちながら、楽しく取り組める人気の計算プリントです。

　②たされる数やたす数、ひかれる数やひく数の関係が1対1なので、視覚的に分かりやすいです。

　③個々の問題に「ワニレベル」を設定していますので、その子どもがどこまで到達しているかを、子どもも教師も親もすぐに分かります。

（2）4種類のワニマス計算プリントとその使い方

　①繰り上がりのないたし算　　　　　②繰り下がりのないひき算

「2＋3」の解答を書く　　　　　　　「8－3」の解答を書く

③繰り上がりのあるたし算　　　　　④繰り下がりのあるひき算

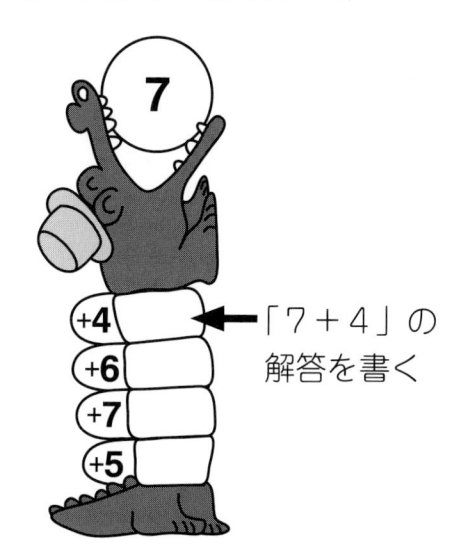

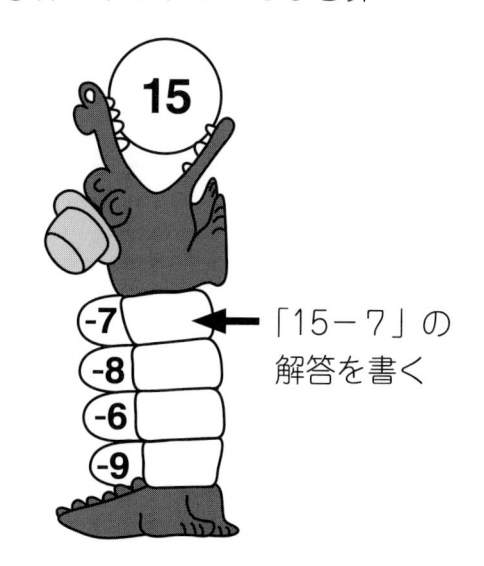

+4　←「7＋4」の解答を書く　　　　-7　←「15－7」の解答を書く
+6　　　　　　　　　　　　　　　　-8
+7　　　　　　　　　　　　　　　　-6
+5　　　　　　　　　　　　　　　　-9

ひかれる数が10以下で、ひく数が前後どちらからひくかの一覧表

前からひく（削除）場合	後ろからひく（削除）場合
	2 − 1 =
	3 − 1 = 3 − 2 =
	4 − 1 = 4 − 2 = 4 − 3 =
	5 − 1 = 5 − 2 = 5 − 3 = 5 − 4 =
6 − 4 = 6 − 5 =	6 − 1 = 6 − 2 = 6 − 3 =
7 − 4 = 7 − 5 = 7 − 6 =	7 − 1 = 7 − 2 = 7 − 3 =
8 − 4 = 8 − 5 = 8 − 6 = 8 − 7 =	8 − 1 = 8 − 2 = 8 − 3 =
9 − 5 = 9 − 6 = 9 − 7 = 9 − 8 =	9 − 1 = 9 − 2 = 9 − 3 = 9 − 4 =
10 − 6 = 10 − 7 = 10 − 8 = 10 − 9 =	10 − 1 = 10 − 2 = 10 − 3 = 10 − 4 = 10 − 5 =

「たす・ひく」アプリを用いた４段階式学習法

（１）「たす・ひく」アプリの特徴と構造図（流れ）

　「たす・ひく」アプリとは、「単語カード」を用いた４段階式学習法をスマートフォンやタブレット端末（iPad等）で使用することができるようにしたアプリケーションソフト（アプリ）です。ゲーム感覚で楽しく取り組むことができます。また、習得した力がチェックできる楽しい計算ゲームも入っていますので、子どもにとっても取り組みやすいです。

① （アイコン選択）　② （トップ画面）　③ （説明画面）　④ （左バーでカード学習やゲームを選択）

【単語カード学習……「STEP1（２＋１＝？）を選択】

※「OK」マークを押すと単語カードの表紙に、「OK」のマークが付き、自分の進捗状況がすぐに分かります。また、下のエネルギーバーのエネルギーも１つ貯まります。

右から左にスワイプ（こする）して使用。
２種類のスピードで自動再生もできます。

【楽しい計算ゲーム】

- 左バーの「STEP GAME」を選択すると、中央に右のような5つのゲーム（タイル、繰り上がりなしのたし算、繰り下がりなしのひき算、繰り上がりありのたし算、繰り下がりありのひき算）が表示されます。
- 3つのゲームスピード（ゆっくり・ふつう・はやい）から選択できます。
- 獲得したランプが選択した箱や左バーの下に表示されます（1位は金ランプ、2位は銀ランプ、3位は銅ランプ）。
- 全て金ランプを集めることができればプレミアム画面が現れます。

- ランプの精は、ゲームをする本人となります。
- 「はじめる」を押すとゲームがスタートし、問題が表示され、解答の数字ボタンを押すと、ランプの精が進みます。残りの3匹の動物たちも自動で進み、着順を競争します。
- 「はじめる」を押すごとに、問題がアトランダムに変更されます。
- 間違えると、ペナルティとして約2秒、操作がストップします。

- ゴールに到着すると、着順が表示され、約3秒後にその着順に沿ったランプや表彰台が効果音とともに現れます。

- 着順により、さまざまな花火の演出が表示されます。
- 全て金ランプを集めることができればプレミアムアニメーション画面が現れます。

（2）「たす・ひく」アプリを用いた４段階式学習法のメリット・デメリット
【メリット】
- 多量の単語カードを作る手間がいらない。管理が簡単。
- 自分のペースでめくったり、自動でめくったりすることができる。
- 進捗状況を簡単に記録することができる。

【デメリット】
- スマートフォンやタブレット端末（iPad等）が必要となる。

※「たす・ひく」アプリは、本書をもとに、株式会社エム・エム・シーが作成したアプリケーションソフトです。

（3）「たす・ひく」アプリ（体験版・有料版）のダウンロード方法
【App Store（アップストア）からダウンロードする場合】
①対象機種　iPhone/iPad/iPod touch
②ダウンロード方法
1）App Storeにアクセスし、検索で「たす」や「たすひく」、「本能式」などと入力し、アプリを探します。
2）ダウンロードページにアクセスできたら、体験版（無料版）か有料版を選択し、ダウンロードします。

※有料版は450円です。一度ダウンロードしたら、その後の料金はかかりません。
※Apple、Appleロゴ、iPhone、iPad、iPod touchなどは、Apple Inc. の米国および他の国における登録商標または商標です。

【Google Playからダウンロードする場合】
①対象機種……OSがアンドロイドの機種
②ダウンロード方法
1）Google Playにアクセスし、検索で「たす」や「たすひく」、「本能式」などと入力し、アプリを探します。
2）ダウンロードページにアクセスできたら、体験版（無料版）か有料版かを選択し、ダウンロードします。

※有料版は450円です。一度ダウンロードしたら、その後の料金はかかりません。
※GoogleおよびGoogleロゴ、androidおよびandroidロゴ、Google Play（旧アンドロイドマーケット）は、Google Inc. の登録商標または商標です。

到達チェックリスト

　この到達チェックリストに記入することで、現在どの段階にいるかが分かり、これをもとに、今後の学習計画が立てられます。また、指導カリキュラムとして活用することもできます。

到達チェックリスト	評価（◎○△×）			
	記入例（2/13◎）実施日も入れる			
問題のタイトル	掲載ページ	1回目	2回目	3回目
形や数の概念	P.6			
おなじかたちはどれかな？（1）	P.7			
おなじかたちはどれかな？（2）	P.8			
おおきいのはどちらでしょう？（1）	P.9			
おおきいのはどちらでしょう？（2）	P.10			
おおきいのはどちらでしょう？（3）	P.11			
タイルはいくつあるかな？（1）	P.12			
タイルはいくつあるかな？（2）	P.13			
タイルはいくつあるかな？（3）	P.14			
タイルはぜんぶでいくつかな？（1）	P.15			
タイルはぜんぶでいくつかな？（2）	P.16			
タイルはぜんぶでいくつかな？（3）	P.17			
すうじをよんでみよう（1）	P.25			
すうじをよんでみよう（2）	P.26			
すうじをよんでみよう（3）	P.27			
ぜんぶでなんこかな？（1）	P.28			
ぜんぶでなんこかな？（2）	P.29			
数字の書き方	P.33			
10までの数（1）	P.34			
10までの数（2）	P.35			
「11から20までの数一覧表」を用いた学習	P.37			
11から20までの数の一致（1）	P.38			
11から20までの数の一致（2）	P.39			
11から20までの数の一致（3）	P.40			

たし算の意味	P.43				
本能式計算（繰り上がりのないたし算）					
答えが5までのたし算（1）	P.44				
答えが5までのたし算（2）	P.45				
答が5までのたし算（3）	P.46				
たされる数が5以上9以下のたし算（1）	P.47				
たされる数が5以上9以下のたし算（2）	P.48				
たされる数が5以上9以下のたし算（3）	P.49				
5の枠を超えるたし算（1）	P.50				
5の枠を超えるたし算（2）	P.51				
5の枠を超えるたし算（3）	P.52				
1けた+1けた　まとめ1	P.53				
1けた+1けた　まとめ2	P.54				
ワニマス計算（繰り上がりのないたし算）					
答えが5までのたし算（ワニレベル1）	P.55				
たされる数が5以上9以下のたし算（ワニレベル2）	P.56				
5の枠を超えるたし算（ワニレベル3）	P.57				
答えが6までのたし算（ワニレベル4）	P.58				
答えが7までのたし算（ワニレベル5）	P.59				
答えが8までのたし算（ワニレベル6）	P.60				
答えが9までのたし算①（ワニレベル7）	P.61				
答えが9までのたし算②（ワニレベル8）	P.62				
答えが10までのたし算①（ワニレベル9）	P.63				
答えが10までのたし算②（ワニレベル10）	P.64				
ひき算の意味	P.65				
本能式計算（繰り下がりのないひき算）					
ひかれる数が5までのひき算（1）	P.66				
ひかれる数が5までのひき算（2）	P.67				
ひかれる数が5までのひき算（3）	P.68				
ひかれる数が5までのひき算（4）	P.69				
ひかれる数が5までのひき算（5）	P.70				
ひかれる数が6のひき算（1）	P.71				

ひかれる数が6のひき算（2）	P.72			
ひかれる数が6のひき算（3）	P.73			
ひかれる数が7のひき算（1）	P.74			
ひかれる数が7のひき算（2）	P.75			
ひかれる数が7のひき算（3）	P.76			
ひかれる数が8のひき算（1-1）	P.77			
ひかれる数が8のひき算（1-2）	P.78			
ひかれる数が8のひき算（2）	P.79			
ひかれる数が8のひき算（3）	P.80			
ひかれる数が9のひき算（1-1）	P.81			
ひかれる数が9のひき算（1-2）	P.82			
ひかれる数が9のひき算（2-1）	P.83			
ひかれる数が9のひき算（2-2）	P.84			
ひかれる数が9のひき算（3）	P.85			
ひかれる数が10のひき算（1-1）	P.86			
ひかれる数が10のひき算（1-2）	P.87			
ひかれる数が10のひき算（2-1）	P.88			
ひかれる数が10のひき算（2-2）	P.89			
ひかれる数が10のひき算（3）	P.90			
1けた－1けた　まとめ1	P.91			
1けた－1けた　まとめ2	P.92			
1けた－1けた　まとめ3	P.93			
ワニマス計算（繰り下がりのないひき算）				
ひかれる数が5までのひき算（ワニレベル1）	P.94			
ひかれる数が5までのひき算（ワニレベル2）	P.95			
ひかれる数が6のひき算（ワニレベル3）	P.96			
ひかれる数が7のひき算（ワニレベル4）	P.97			
ひかれる数が8のひき算（ワニレベル5）	P.98			
ひかれる数が9のひき算（ワニレベル6）	P.99			
ひかれる数が10のひき算（ワニレベル7）	P.100			
繰り下がりのないひき算　まとめ1（ワニレベル8）	P.101			
繰り下がりのないひき算　まとめ2（ワニレベル9）	P.102			

いくつといくつ	P.105				
本能式計算（繰り上がりのあるたし算）					
たされる数が6・7のたし算（1）	P.106				
たされる数が6・7のたし算（2）	P.107				
しきに6か7がふくまれるたし算	P.108				
たされる数が8のたし算（1）	P.109				
たされる数が8のたし算（2）	P.110				
しきに8がふくまれるたし算	P.111				
たされる数が9のたし算（1）	P.112				
たされる数が9のたし算（2）	P.113				
しきに9がふくまれるたし算	P.114				
1けた+1けた　まとめ1	P.115				
1けた+1けた　まとめ2	P.116				
1けた+1けた　まとめ3	P.117				
ワニマス計算（繰り上がりのあるたし算）					
たされる数が6・7のたし算（ワニレベル1）	P.118				
たされる数が8のたし算（ワニレベル2）	P.119				
たされる数が9のたし算（ワニレベル3）	P.120				
たされる数≦たす数のたし算（ワニれベル4）	P.121				
繰り上がりのある・ない混在のたし算　まとめ1	P.122				
繰り上がりのある・ない混在のたし算　まとめ2	P.123				
本能式計算（繰り下がりのあるひき算）					
ひかれる数が11のひき算（1）	P.124				
ひかれる数が11のひき算（2-1）	P.125				
ひかれる数が11のひき算（2-2）	P.126				
ひかれる数が11のひき算（3）	P.127				
ひかれる数が12のひき算（1）	P.128				
ひかれる数が12のひき算（2-1）	P.129				
ひかれる数が12のひき算（2-2）	P.130				

ひかれる数が12のひき算（3）	P.131			
ひかれる数が13のひき算（1）	P.132			
ひかれる数が13のひき算（2-1）	P.133			
ひかれる数が13のひき算（2-2）	P.134			
ひかれる数が13のひき算（3）	P.135			
ひかれる数が14のひき算（1）	P.136			
ひかれる数が14のひき算（2-1）	P.137			
ひかれる数が14のひき算（2-2）	P.138			
ひかれる数が14のひき算（3）	P.139			
ひかれる数が15のひき算（1）	P.140			
ひかれる数が15のひき算（2-1）	P.141			
ひかれる数が15のひき算（2-2）	P.142			
ひかれる数が15のひき算（3）	P.143			
ひかれる数が16・17・18のひき算（1）	P.144			
ひかれる数が16・17・18のひき算（2-1）	P.145			
ひかれる数が16・17・18のひき算（2-2）	P.146			
ひかれる数が16・17・18のひき算（3）	P.147			
（11～18）－1けた　まとめ1	P.148			
（11～18）－1けた　まとめ2	P.149			

ワニマス計算　（繰り下がりのあるひき算）

ひかれる数が11のひき算（ワニレベル1）	P.150			
ひかれる数が12のひき算（ワニレベル2）	P.151			
ひかれる数が13のひき算（ワニレベル3）	P.152			
ひかれる数が14のひき算（ワニレベル4）	P.153			
ひかれる数が15のひき算（ワニレベル5）	P.154			
ひかれる数が16・17・18のひき算（ワニレベル6）	P.155			

カット資料1
［使用方法］
①点線の部分を切り取り、色を塗ると更に効果が期待できます。
②裏に、子どもの好きなキャラクターを掲載して活用する方法もあります。
③カットした資料にラミネートをかけると、使いやすいです。

カット資料2【0〜10までのタイル】
[使用方法] 点線に沿って切りはなして下さい。カットした資料にラミネートをかけると、使いやすいです。

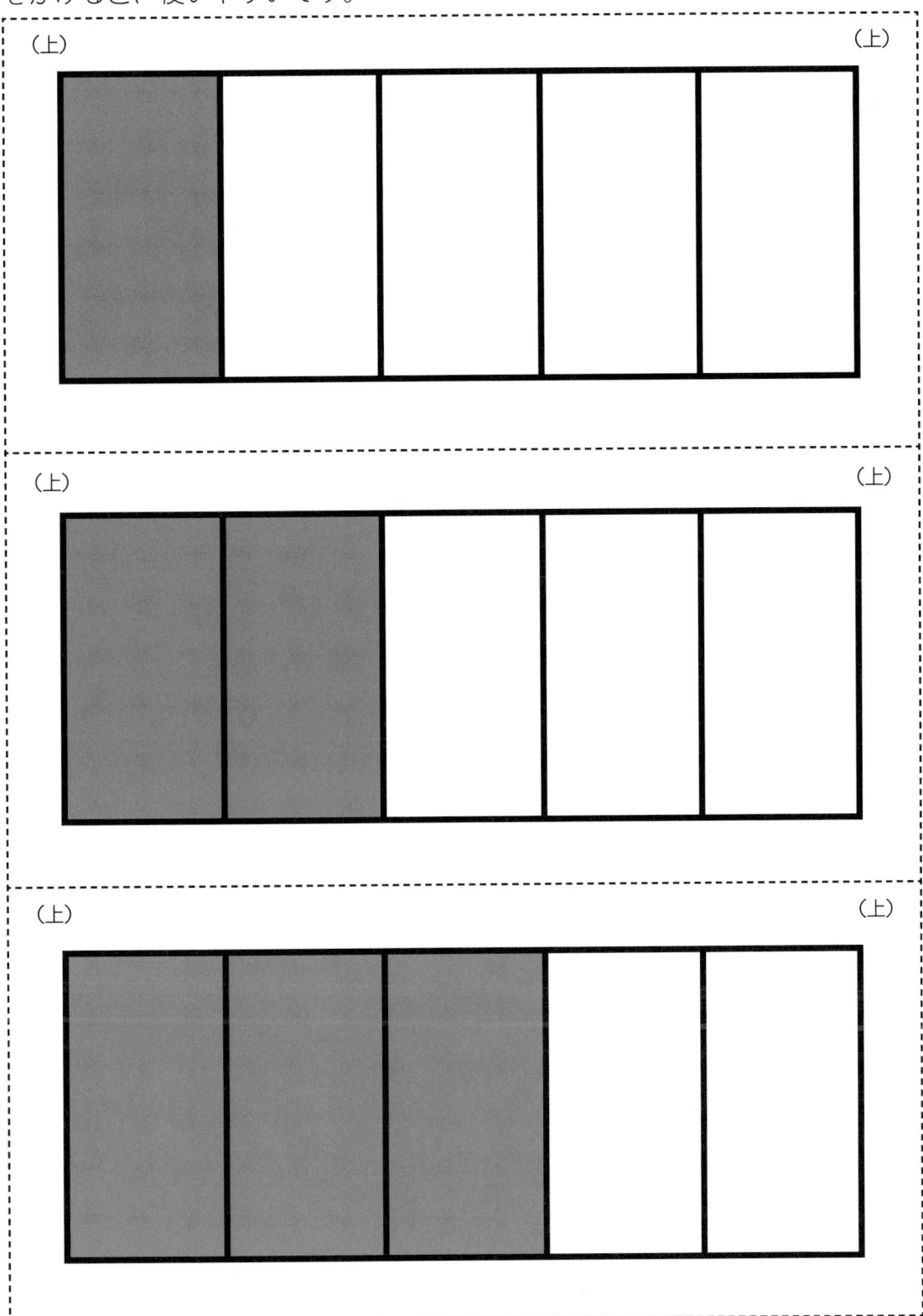

（上）　　　　　　　　　　　　　　　　　　　　　　　　（上）

（上）　　　　　　　　　　　　　　　　　　　　　　　　（上）

（上）　　　　　　　　　　　　　　　　　　　　　　　　（上）

(上) (上)

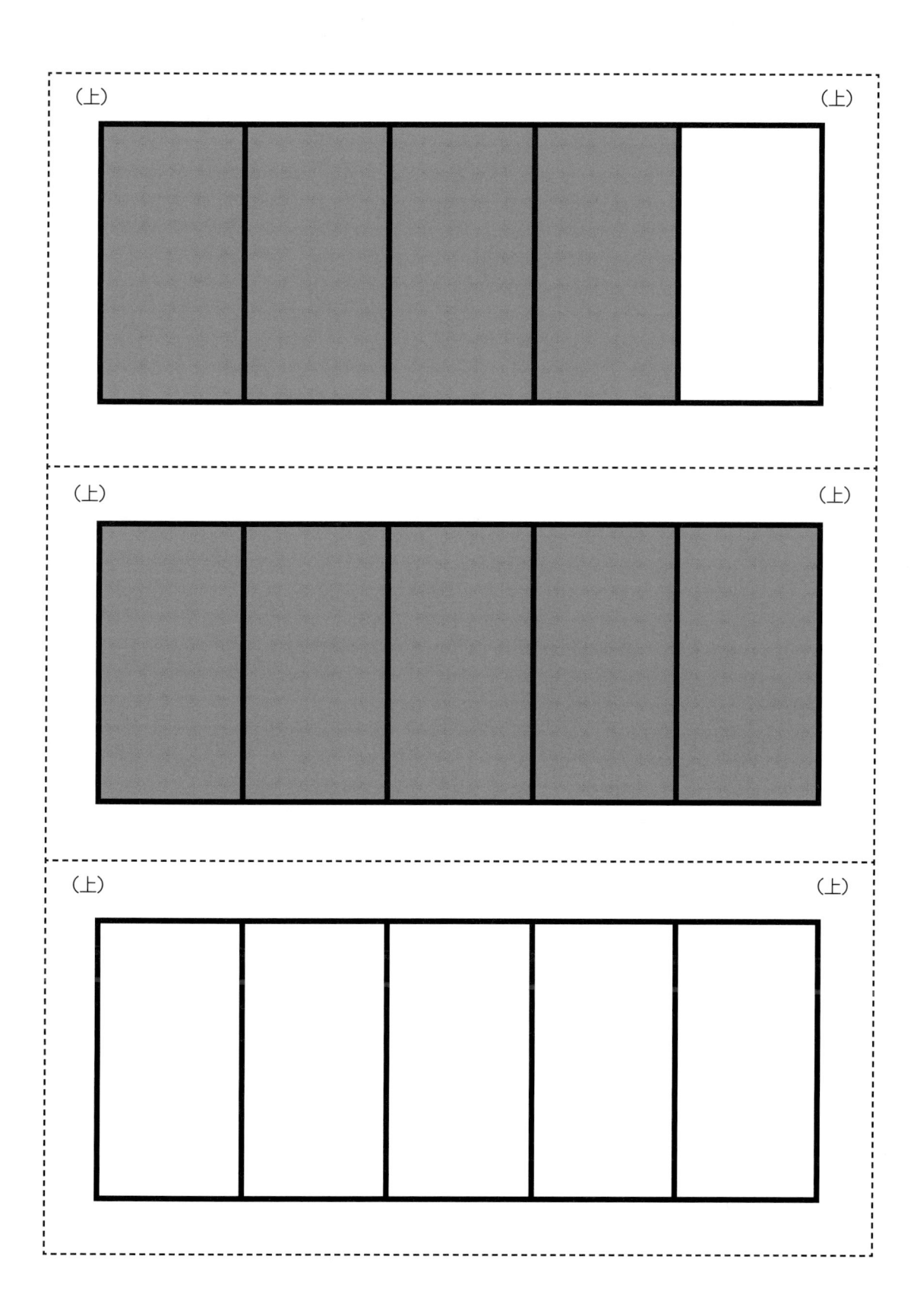

(上) (上)

(上) (上)

(上)　　　　　　　　　　　　　　　　　　　　　(上)

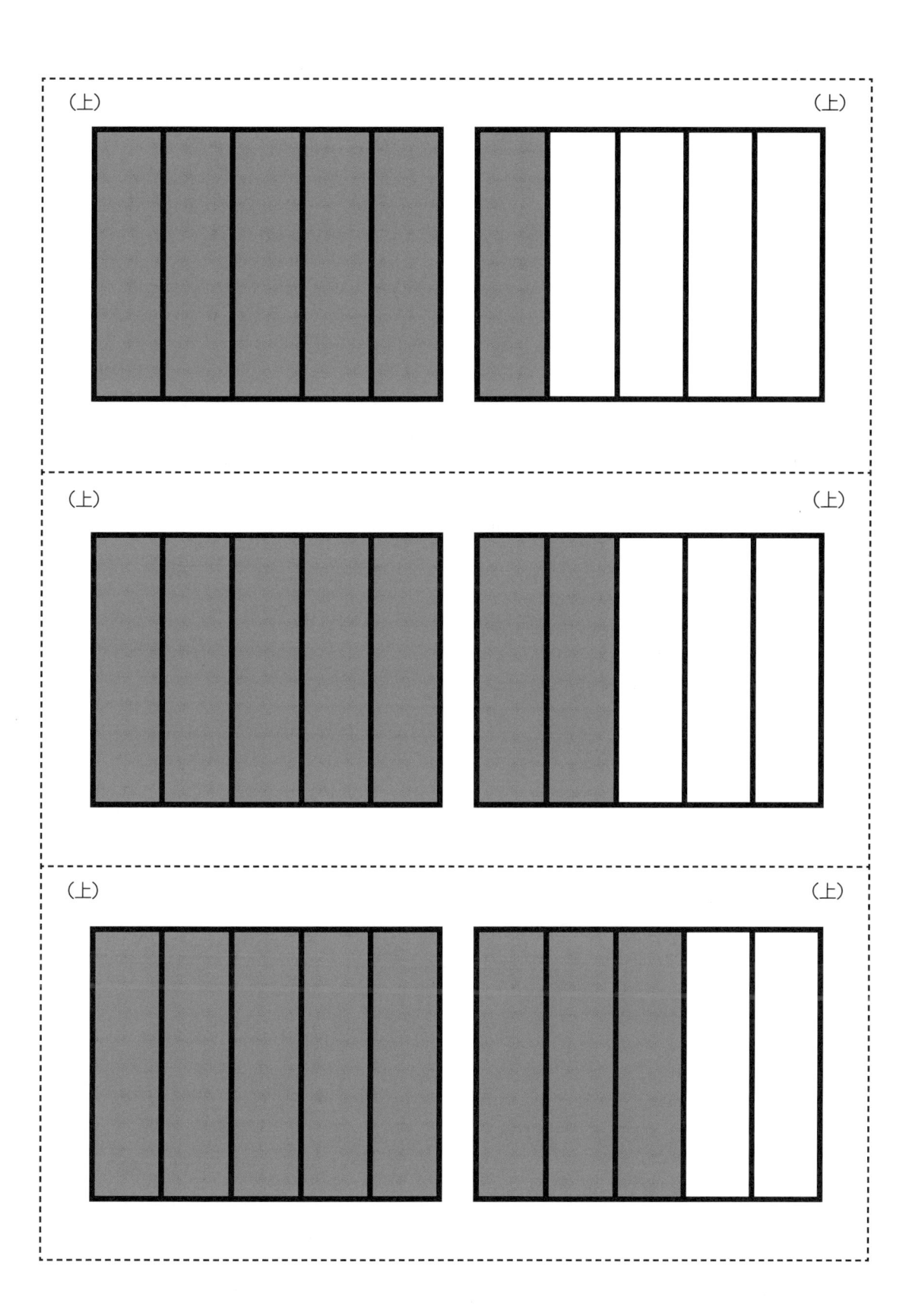

(上)　　　　　　　　　　　　　　　　　　　　　(上)

(上)　　　　　　　　　　　　　　　　　　　　　(上)

(上) (上)

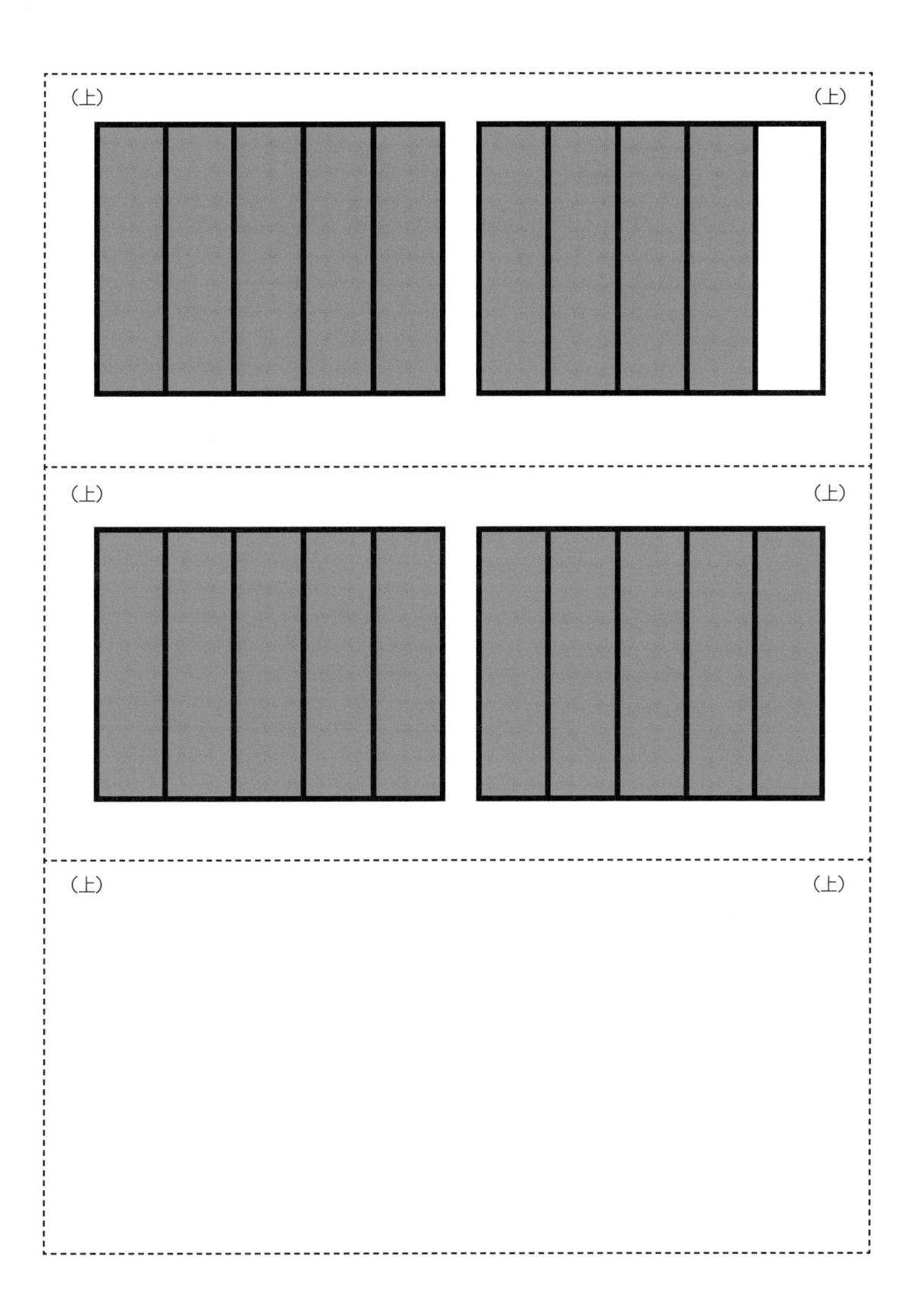

(上) (上)

(上) (上)

だれもが活用でき、効果をあげる教材と指導法の開発
―右脳に働きかける本能式算数指導法―

昭和女子大学大学院教授・元文部科学省教科調査官　押谷由夫

　大江浩光先生が、また、画期的な本を企画されました。**この本は未就学児や小学校に入学したばかりの児童、教育的配慮が必要な児童にむけた、算数の基本となる数の概念をきちんと身につけられます。**

　特別支援教育は、いま大きな改革が行われています。平成19年度は、特別支援教育元年と呼ばれ、さまざまな課題のある子どもたちの教育を特殊なものと考えるのではなく、どの学校でも取り組まなければならないものとして理解し、学校教育全体の改善を図っていこうと提案されました。21年３月には、特別支援学校の幼稚園教育要領、学習指導要領も告示され、いよいよ本格的な特別支援教育の理念をベースとした学校改善が図られようとしています。

　そのようなときに、道徳教育と特別支援教育を長年にわたって推進され、優れた実践を全国に発信し続けていらっしゃる大江先生が、渾身の思いと実践的検証を経て世に問われるのが本書です。まさに時機にかなったものであり、すべての学校においてぜひ活用してほしいと願うしだいです。本書の魅力を述べてみましょう。

１　教育とは何か

　カントの言葉をまつまでもなく、教育は、人間を人間にする営みです。前者の人間は、人間としてうまれたときの状態を意味します。後者の人間は目標とする人間です。教育者は常に、両者の人間についての理解を深め、目の前にいる子どもたちの具体的な対応を考えていく必要があります。

（１）人間の新生児の特徴

　では、生まれたときの人間をどのようにとらえればよいのでしょう。よく引用される本に、アドルフ・ポルトマンの『人間はどこまで動物か』（岩波書店）があります。動物学者であったポルトマンは、高等哺乳類と人間の新生児を比較することから、生まれたときの人間の特徴を明らかにします。高等な哺

乳類の新生児は、母親の胎内において親の姿をそのままにしたようなところまで成長し、その運動や行動も親と似ており、またその種特有のコミュニケーションの手段の要素もそなえています。それに対して、人間の新生児は、格段に未熟な状態で生まれてきます。もし、高等哺乳類の新生児と同じような状態で生まれるとすれば、あと1年母親の胎内で過ごす必要があるというのです。

　ポルトマンは、ここに人間の特徴を見出します。すなわち、人間の新生児が、母親の胎内から出て、生後1年の間に身につける能力こそが人間を特徴づけるものだというのです。

(2) 直立姿勢、言語、洞察力ある行為

　それには、どのようなものがあるのでしょう。ポルトマンは、大きく3つのことを指摘します。1つは、直立姿勢です。直立姿勢をとるためには、骨盤や脊柱の発達をはじめさまざまな筋肉組織の発達が必要である。それは人間独自のものです。2本足で立つ姿勢の習得とその固定化は、特に手の活動を自由にします。手を使ってさまざまなものを作り出したり活用したりしながら人間独自の文化を創ることになります。手を使うことによって、著しい脳の発達をもたらすことにもなります。

　2つ目は、言語です。人間の言語は、動物の叫び声とは違います。なん語から単語が出てくるまでの間に、大人がさまざまに言葉を投げかけてコミュニケーションを交わします。そこからその社会が使っている言葉を習得するようになります。当然のことながら人間独特の言葉の獲得によって人間の思考力が飛躍的に向上し、容易にかつ多様にコミュニケーションを交わせるようになります。そして人間独特の文化を創っていきます。

　3つ目は、洞察力ある行為です。模倣ではなく、自分で気づきながら行動するようになるというのです。要するに考えながら行動できるようになるということです。状況に応じて考えた行動ができるということは、人間がもつ大きな特徴です。本能的な、あるいは訓練による行動ではなく、自分で考える力が他の動物に比べて飛躍的に発達するのです。

　これらの事実は、教育に大きなヒントを与えます。分かりやすくいえば、体を動かすことと言葉と思考力の育成を教育の基本におくべきだということです。昔から、子どもはしっかり遊ばせなさい、読み書きそろばんはしっかり教えな

さい、と言われますが、それはこのことと関係しているととらえられます。

（3）人間の尊厳性（子どもたちへの愛情）

そしてもう1つここで押さえておきたいことがあります。人間は、だれもがこのような他の動物にない特性をもっているということです。直立歩行できること、言葉を話せること、洞察力ある行為ができること、これらによって人間はかけがえのない独自の精神を創り、文化を作り上げていくことができるのです。そのことが人間の尊厳性です。子どもの教育においては、人間の新生児の特質を押さえることから人間の尊厳性を感得し、一人一人の子どもたちをかけがえのない存在としてとらえ、愛情を込めてかかわっていくことが求められるのです。

2　教育が求める人間

では、人間を人間にする、の後者の人間はどのようにとらえられるのでしょう。それは教育の目的でもあります。この部分もさまざまなとらえ方があるのですが、我が国の教育の指針を示す教育基本法の教育の目的から考えてみることにします。

（1）人格の完成

教育基本法は、昭和22年に制定されたのですが、平成18年12月に、59年ぶりに改正されました。新旧ともに第1条が教育の目的になっています。そして、同様に教育の目的を「人格の完成を目指し」と明言しています。

改正教育基本法では、人格という言葉が3ヶ所で出てきます。第1条（教育の目的）、第3条（生涯教育の理念）、第11条（幼児期の教育）です。つまり、これからの教育において、人格形成は、国民一人一人が一生かかって追い求める課題（生涯にわたって自己の人格を磨き豊かな人生が送れるようにする）であり、その基礎となる教育を、幼児期から充実させなければならないことが明記されているのです。

（2）人格の基盤が道徳性

では、人格とはどのようにとらえればよいのでしょう。第二条（教育の目標）に明確に示されています。1号には知・徳・体の育成が述べられています。2号～5号には共通して「……する態度を養う」と書かれています。態度、す

なわち生きていくうえでの心構えです。そこには、道徳的価値がちりばめられています。それは道徳性ととらえられます。すなわち、人格の完成を目指した教育は、道徳性の育成を基盤として知・徳・体の調和的発達を図っていくことによってなされる、ということです。このような主張は、教師の神様といわれるスイスの教育者ペスタロッチ（『隠者の夕暮』岩波書店）をはじめ優れた教育者・教育研究者が異口同音に主張していることなのです。

（3）学校は人間を育てる場

つまり、学校は人間を育てる場です。人間を育てるとは、一人一人の子どもたちが個性を生かしながら人間らしい生き方ができるようにすることです。知性をはぐくむこと、感性を豊かにすること、技術を身につけること、体力を身につけること、それらが人間らしく生きるという所につながっていくことが大切なのです。

どうつなげていくのか。目的意識をしっかり育てることです。つまり、人間としてどう生きるかにかかわる意識（道徳性）をはぐくみながら知・体の育成を図るのです。そのとき、人間らしい生き方に生きて働く知識や技術、情操、体力となっていきます。

大江先生の開発される教材には、単なる知識や技術の習得ではなく、そのことを通して豊かな人間形成・人格形成がなされるように、また、子どもと教師や親との間に温かな心（愛情）の交流がなされるようにと工夫されています。

3 大江式「本能式計算法」の特徴

教育とは何かについて述べてきたのは、大江式「本能式計算法」は、その本質がしっかり押さえられていることを言いたかったからです。

（1）子どもが楽しく学べること

大江先生は、何より子どもたちとの心の交流を第一に考えます。数が理解でき計算ができるようになればよいというわけではないのです。そのためには、子どもたちが興味を示す教材が必要です。今回開発された教材は、いずれも子どもたちを楽しませるものです。子どもたちが見るだけで楽しくなる、カードや教具を用意されています。

それは、教師や親も思わず笑顔になるものです。そのことが相乗効果を生み

ます。教材を見て、あるいは実際に行って、喜んでいる子どもの姿を見ると、教師や親は笑顔になります。その笑顔を子どもが見て、いっそうの笑顔になります。そのような教材で代表的なものは絵本ですが、大江先生の開発された教材は、算数の教材において同じような要素を取り入れられています。

　笑顔になれば当然会話がはずみます。温かな心の交流をベースにした学びがいっそう促進されることになります。

(2) 動作と声を伴うこと

　子どもたちの基本的な学習においては、体を使って行うことが大切です。体を動かしたり手や指を使ったりすることは、脳をいっそう活性化させることになります。大江先生の開発された教材には、同じ形のものをあわせる、該当するものを指で押さえる、該当するものを色で塗る、数字を正しい筆順で指でなぞらせて書く、など算数の学習においてできるだけ体や手・指を使って学習できるように工夫されています。その際、当然、声を出す（言葉にする）こともしっかりと押さえられています。

(3) 子どもたちの思考方法に従って計画的に学べるように工夫されていること

　教材は、子どもたちの思考方法の実態に即して計画的・発展的に学べるようになっていなければなりません。大江式「本能式計算法」は、子どもの思考の方法を、実際の調査を基にしながら考えています。そして開発した教材を実際に使ってみて、確認できたものを、さらに精緻化して、教材として提案しています。そのようなプロセスを経て、子どもたちの思考方法に従いながら、順番を追って、丁寧に、数の理解、たし算、ひき算の基本的な理解を図るための教材を、計画的・発展的に示されています。従って、本書を、順を追って活用すれば、自ずと数やたし算、ひき算の基本的な理解ができ、また計算方法も身につけられるようになっています。

(4) 脳科学の知見にマッチしていること

　大江式「本能式計算法」のさらに優れているところは、近年急速に発達している脳科学の知見をしっかりと押さえていることです。

　今日の脳科学ブームの火付け役のひとりである川島隆太氏の『脳を育て、夢をかなえる』（くもん出版）によると、「音読パワー」と「計算パワー」が脳を鍛えると主張します。数の能力は人間だけがもつものです。1から10までの

数を頭の中で理解できるようになると、数を読み上げるだけで脳が活発に働くようになることを明らかにしています。数を覚えたり計算ができたりすることは、人間だけができることですので、それを学ぶことは人間の特別な能力を育てることになり、脳を一段と活性化させるということのようです。

　大江先生は、数の理解や計算の理解を、プロセスを追って視覚的・感覚的に学習できるように教材を開発されています。

　脳科学の知見では、指導方法において、前頭連合野の左右の脳が働くようにする必要があるのですが、まず右脳に働きかけて感覚的な理解ができるようにし、さらに考えさせることを取り入れることによって左脳が働くようにしていくことを求めます。大江先生の手法は、そのことにマッチしています。

　右脳に着目した教育は、1980年代から盛んに取り組まれるようになりました。有名な例では、幼児教育において、七田眞氏が「七田式教育理論」を開発し、大きな成果を挙げていることが報告されています（『奇跡の「右脳」革命』三笠書房）。大江先生の手法と共通した部分を見つけることができます。

　また、マスコミ等でも活躍する脳科学者の茂木健一郎氏は、『脳を活かす勉強法』（PHP研究所）において、脳を活性化させる勉強方法として、①「ドーパミン」による「強化学習」によって脳を強化する、②「タイムプレッシャー」によって脳の持続力を鍛える、③「集中力」を意欲的に身につける、を挙げています。脳は何かを達成して喜びを感じるとき「ドーパミン」が分泌されます。そしてその快楽を再現しようとします。そうして、試行錯誤を繰り返しながら、強固なシナプス（神経回路網）が形成されるといいます。また、脳は常に苦しい刺激を求めます。ハードルが高いほど乗り越えたときの喜びが大きいからです。しかし苦しみが大きすぎてもやる気をなくします。その程合いが大切です。茂木氏は「タイムプレッシャー」（時間を制限する）を提案します。そして、3つ目は集中力です。集中力は、速さ、分量、没入感から生まれると主張します。このような茂木氏の脳科学からの知見は、大江式「本能式計算法」に、実態に合う形で反映されています。

（5）特別支援教育は教育の原点である

　さて、大江先生が本書で最も言いたかったことは何か。私は、「特別支援教育はすべての教育の原点である」ということだと思います。大江式「本能式計

算法」は、一人一人の子どもたちの思考能力の特質に寄り添いながら、数を理解するための具体的方法を開発しています。それは、どの子も通るプロセスなのです。そのプロセスを追うことは、一人一人の教育方法を考える場合の基本でもあります。だからこそ、大江先生は、本書を親や普通学級の先生、幼稚園や保育所の先生方に使ってほしいと訴えていらっしゃいます。

　平成21年3月に告示された特別支援学校の教育要領、学習指導要領は、一人一人の実態を的確に把握し、個別の指導計画を作成することを義務づけています。そして、個別の指導計画に基づいて行われた活動の状況や結果を評価して指導や指導体制の改善を図っていくことを求めています。

　本書を基にしながら、再度教育の原点について思いを馳せ、目の前にいる子どもたちの教育について、主体的に考え、実践してほしいと心より願うしだいです。

あとがき

　本書を読まれ、もしくは実践され、どのような感想をお持ちでしょうか。

　小学校1年生で習う算数は、今後の学習の基礎となります。その段階をおろそかにしてしまうと、小学校2年生になっても、指を使わなければ計算ができなくなり、算数嫌いの子どもになってしまうことがあります。

　また、小学校入学前のお子さんをお持ちの保護者は、わが子が学校の教育についていけるかどうかが心配な方が多いのではないでしょうか。「転ばぬ先の杖」ということわざがありますが、確固たる理論と高い実績がある指導を用い、事前に学習した上で小学校に入学させてあげることにより、子どもは、余裕をもって学校生活を送ることができます。教師である私自身もそうでした。私には二人の子どもがいます。二人とも幼稚園年長組（小学校入学前の学年）の時、本書を用いて指導しました。その結果、小学校の算数の時間に苦労することなく、楽しく学校生活を送ることができました。詳細なスモールステップを設定していますので、教育的配慮が必要な子どもの指導にも最適です。

　本書の特徴を最大限に発揮させるために、ぜひともアプリケーションソフト「たす・ひく」も一緒にご活用ください。このアプリは、ほとんどのスマートフォンやタブレット端末に対応しています。

　本書は、押谷由夫先生（昭和女子大学大学院教授・元文部科学省教科調査官）のご指導のおかげで完成することができました。心から感謝しております。また私にとって10度目という節目となる発刊のチャンスをくださった江部満氏、わざわざ鹿児島まで足を運んで刊行に向けて打合せをしてくださった学芸みらい社代表取締役社長青木誠一郎氏に、心から感謝しております。

　本書が早期教育や幼児教育、特別支援教育の充実を図る上での布石になれば、一教師として本望です。

　本書に対して、御意見・御感想がある方は、私までメールをいただけないでしょうか。メールアドレスは、ooe@po.synapse.ne.jpです。

　2012年　南国鹿児島の桜島を眺めながら……

大江　浩光

早期教育・特別支援教育　本能式計算法
〜計算が「楽しく」「速く」できるワーク〜

2012年11月10日　初版発行
2012年11月20日　再版発行

著　者　大江浩光
解　説　押谷由夫
発行者　青木誠一郎
発行所　株式会社 学芸みらい社
　　　　〒162-0833 東京都新宿区筆笥町43番 新神楽坂ビル
　　　　電話番号 03-5227-1266
　　　　http://www.gakugeimirai.com/
　　　　E-mail : info@gakugeimirai.com
印刷所・製本所　藤原印刷株式会社
装　丁　荒木香樹

落丁・乱丁本は弊社宛お送りください。送料弊社負担でお取り替えいたします。
©Hiromitsu Ooe 2012 Printed in Japan
ISBN978-4-905374-13-8 C3037